고시원킹

주 2회 출근하고 월 1,000만 원 버는 기적의 고시원 투자법

고시원킹

초판 1쇄 발행 2022년 8월 8일
초판 2쇄 발행 2023년 8월 14일

지은이 서봉기

발행인 백유미 조영석
발행처 (주)라온아시아
주소 서울특별시 서초구 방배로 180 스파크플러스 3F

등록 2016년 7월 5일 제 2016-000141호
전화 070-7600-8230   **팩스** 070-4754-2473

값 17,000원
ISBN 979-11-92072-73-9 (13320)

라온북은 독자 여러분의 소중한 원고를 기다리고 있습니다. (raonbook@raonasia.co.kr)

고시원킹
KING

서봉기 지음

얻고자 하는 것이 있다면
용기 내어 도전해보자

간절함이 주는 용기

7년 동안 다니던 회사를 하루아침에 그만두게 되었다. 1년간 힘든 시간을 보내며 방황도 했지만, 지금 생각해보면 그때가 큰 파도 없이 살아온 내 인생에 변화가 시작된 변곡점이라는 생각이 든다. 누구나 살면서 원치 않아도 힘든 일을 마주하게 될 수 있다. 나 역시 겪고 싶지 않았지만 그 힘든 과정을 거쳐서 지금의 두 번째 고시원까지 운영하게 되었다. 이런저런 일을 겪으며 고시원을 운영하는 원장의 모습으로 최적화되었다. 현재는 일주일에 이틀만 출근하고 매달 순수익 월 1,000만 원에 가까운 수입을 얻게 되었다. 그저 남의 이야기로만 느껴졌던 시간적, 경제적 자유를 누릴 수 있게 되어 참으로 감사할 따름이다.

다시 생각해봐도 취업에서 창업으로 방향을 바꾸기로 결심한 것은 쉽지 않은 일이었지만, 나로서는 엄청난 용기를 낸 도전이자 다짐이었다. 그 용기 뒤에는 한 집안의 가장이자 당시 두 살 아이의 아버지로서 남모를 간절함이 숨어 있었다. 용기를 낸 결과, 예전과는 180도 달라진 삶을 살고 있다. 내 인생의 주인인 내가 나의 시간을 직접 움직일 수 있는 사람으로 바뀌었다.

고시원 사업의 핵심은 바로 정보

현재 내 모습만 보면 처음부터 고시원 창업에 성공한 것으로 생각할 수도 있다. 그러나 2020년 처음 고시원을 창업한 시점부터 모든 일이 순탄하게 풀린 것은 아니었다. 고난과 역경의 연속이라고 표현하는 것이 적합할 것 같다. 고시원을 인수하고 정신을 차려보니, '이 고시원에 사람이 살 수 있을까?', '이러다가 정말 망하는 건 아닐까?' 등의 온갖 걱정이 들었고 한숨만 나올 뿐이었다.

생애 처음으로 창업에 도전하면서 아무 공부도 하지 않았다. 아니, 정확하게 말하면 고시원 시장을 이해하고 궁금한 정보를 얻을 수 있는 경로가 없었다고 해야 맞을 것이다. 이 책에는 내가 고시원 창업에 관심을 갖게 된 이유와 배경부터 많은 사람들이 궁금해하는 대표적인 고시원 창업 관련 질문들에 대한 답변,

운영 사례를 통해 얻은 수많은 노하우까지 모두 담았다.

또한 실제 고시원 인수를 알아보다 보면 전문 부동산 사무소에 직접 연락해서 실무자를 통해 일을 진행하게 된다. 인적 네트워크를 통해 고시원 전문 부동산 사무소 실무자들의 인터뷰도 함께 실어 고시원 창업을 준비할 때 알맞은 방향을 세우고 성공시키는 데 도움이 될 것으로 생각한다.

유튜브, '고시원킹'

현재 나는 고시원 창업 정보를 나누는 유튜브 채널 '고시원킹'을 개설해서 운영하고 있다. 이 채널에는 고시원과 관련한 영상을 촬영해 업로드하고 나의 코칭을 통해 창업한 현장 관련 정보를 소개한다. 채널을 운영하다 보니 관심 있는 사람들이 생각보다 많다는 것을 알게 되었다. 이메일로 상담해오는 사람들에게는 질문에 대한 답변을 메일로 드리고 있고, 간단한 통화로 바로 전달할 수 있는 유선 상담 역시 무료로 진행하고 있다.

이렇게 하는 이유는 처음 고시원 창업을 시작하려는 그 마음을 누구보다 잘 알기 때문이다. 물어볼 곳이 없어서 답답하고 갈증을 느끼는 그 심정을 잘 알기에 조금이나마 갈증을 해소하는 데 도움을 드리고 싶다. 좀 더 상세한 내용과 실전 창업을 준비하는 분들을 위해서는 오프라인을 통해 고시원 창업에 관한 과정과 필수 요소, 준비 사항 등 창업 컨설팅을 안내하고 있다.

다시 말해 고시원 예비 창업자들에게 가장 중요한 희망 지역 및 가용 금액에 따른 창업 방향을 제시하고, 스터디를 통해 실제 운영 사례를 공유해 창업을 성공적으로 이끌 수 있도록 돕고 있다. 이외에도 단순히 일회성 상담이 아니라 4주 동안 창업 교육을 진행해 매물 찾는 방법, 인테리어 노하우, 운영 팁, 온라인 마케팅 방법 등 내가 원하는 이익을 얻기까지 했던 모든 노력을 공유하고 있다. 이는 나 또한 정보를 얻기 어려웠을 뿐만 아니라 시행착오를 많이 겪었던 부분이기 때문이다.

이와 더불어 1대1 창업 컨설팅 후 투자금 대비 수익률 30% 이상의 매물을 찾고, 인수 과정 절차에 관한 모든 과정을 코칭하며, 운영 후 오토 시스템을 갖출 수 있도록 상담과 노하우를 제공하고 있다. 창업 후에도 사후 관리를 통해 별도의 교육과 파트너십을 유지하는 중이다.

현재도 도움을 요청하는 사람들이 있어 그들과 창업 과정부터 함께하는데, 계약 후 오픈하고 만실까지 이루는 결과를 볼 때 가장 많은 보람을 느낀다. 내가 이토록 나의 모든 경험을 공유하고자 하는 것은 고시원 예비 원장에서 어엿한 원장이 되어 좋아하는 모습을 볼 때 느낄 수 있는 뿌듯함과 그들이 자신의 인생을 좀 더 자발적으로 챙기고 더 나은 시간을 보낼 수 있기를 바라기 때문이다. 나 또한 도전을 통해 삶이 달라졌듯 나만 잘 먹고 잘

사자가 아닌 새로운 꿈을 꾸고 그에 맞춰 용기를 낸 많은 사람들의 미래를 응원하고 돕고 싶다.

용기 내어 도전해보자

고시원 창업을 준비하는 많은 사람들을 만나다 보니 다음과 같이 3가지 유형이 있다는 것을 알게 되었다.

- 취업에서 창업의 길을 선택한 사람
- 경매 및 공매에 관심이 많은 사람
- 부동산에 관심이 많은 사람

어떤 입장이든 각자 환경은 사람마다 다르다. 그러나 고시원 창업에 관심을 가지고 준비해서 원장이 되고 시간적, 경제적 자유와 매달 안정적인 현금 흐름을 만들기 위해서는 '시작'을 해야 하는데, 관심만 갖다가 조금 알아보고 나서 다음 기회에 하기로 하자고 방향을 바꾸는 사람들이 절반 이상이 된다. 분명 좋은 사업으로 생각하고 첫발을 내딛었을 텐데 왜 그럴까? 그것은 바로 확신이 없어 걱정이 더 크게 다가오기 때문이다.

이 책의 1~2장에서는 고시원 사업의 향후 비전과 어떤 계기로 내가 고시원 창업에 도전하게 됐고 원하는 결과를 얻게 되었는지를 담았다. 3장에서는 창업자들이 가장 많이 궁금해하는 점들에 대한 답변이 실려 있고, 4장에서는 실제 사례를 바탕으로 나의 운영 경험을 직간접적으로 느낄 수 있도록 구성했다. 또한 5장에서는 투자에 관한 생각의 폭을 넓힐 수 있도록 경영자 마인드에 대해 다뤘다. 부록에서는 경력 10년 이상인 고시원 전문 부동산 실무자들의 솔직한 인터뷰를 통해 고시원 시장을 이해하고 궁금증을 해소하는 데 큰 도움이 된다.

끝으로 이 책을 보는 독자들에게 당부하고 싶은 이야기가 있다. "이 세상에서 가장 위대한 스승은 경험"이라는 말이 있다. 얻고자 하는 것이 있다면 그리고 반드시 얻고자 한다면 용기 내어 도전해보자. 그 용기와 도전의 결과는 나에게 시간적, 경제적 자유를 가져다줄 것이다.

서봉기

차 례

1장

불광불급, 고시원을 시작하다

2장

나는 건물주처럼 살기로 마음먹었다

3장

막막한 고시원 창업의 문을 열다

4장

오토 시스템과 운영의 관계를 말하다

5장

두 곳 이상을 책임지는 순간 경영자다

부록

경력 10년 이상 부동산 실무자들과 인터뷰

1장

불광불급,
고시원을
시작하다

갑작스러운 해고,
앞으로 어떻게 살 것인가?

갈 길을 잃어버리다

2019년 7월, 나는 하루아침에 다니던 직장을 그만두게 되었다. 갑작스럽게 해고 통보를 받은 것이었다. 내 의지와는 전혀 상관없이 이루어진 해고 소식에 큰 충격을 받았다. 회사 초창기 멤버로 시작해서 남다른 애사심도 있었고, 열정적인 20대 후반의 나이에 시작해 7년 동안 젊음을 보냈던 곳이어서 이런 어처구니없는 상황을 받아들이기 너무 힘들었다.

평생 일할 수 있을 곳이라고 생각했던 것은 나만의 착각일 뿐, 내가 다닌 회사는 나를 평생 책임지지 않았다. 결혼 4년차 두 살 아이의 아빠이자 한 아내의 남편인 가장이 그렇게 어이없게도 백수가 되어버린 것이다. 아무런 준비도 없었고, 할 줄 아는 다른 일도 없었다. 그저 막막할 뿐이었다. 내 길인 줄 알고 걸어가고 있었는데, 갑자기 길이 사라지고 한 발자국도 걸어갈 수 없는 느낌이었다. 느닷없이 백수가 되었고, 바쁜 직장 생활을 하느라 아무 준비도 하지 못했고, 별다른 대책도 없었던 나는 모든 게 허망했다. 그냥 이대로 시간이 멈춰버린 느낌이었다. 아니 시간이 멈춰버렸으면 했다.

아내의 제안으로 시작한 제주 한 달 살기

재취업을 해보려고 했지만, 아무런 결과물도 없이 3개월의 시간이 흐르던 어느 날 아내는 나에게 한 가지 제안을 했다. '제주도 한 달 살기'를 해보자는 이야기였다.

"우리에게 이렇게 여유로운 시간이 또 있을까? 제주도에서 한 달 살아보자."

"지금 상황에 한 달 동안 여행을 간다는 건 어렵지 않을까?"

"지금이 아니면 평생 못 해볼 수도 있잖아. 잠시 무거운 마음 내려놓고 다녀오면 좋겠어."

자리를 못 잡은 남편 때문에 불안한 심정은 마찬가지였을 텐데, 당시의 아내는 용기도 있었고 나보다 훨씬 더 강인했다. 몸도 마음도 지쳐 있던 나는 고민 끝에 떠나기로 결정했고, 우리는 9월의 어느 좋은 날 제주 한 달 살기를 시작했다.

제주도는 생각보다 훨씬 좋았다. 아무 신경 쓸 것이 없으니 마음이 편안했다. 하루하루 쫓기던 일상에서 벗어나 제주에서 느끼는 고요함과 한적함이란 이루 말할 수 없이 좋았다. 내 평생 이렇게 긴 휴식이 있었나 싶었다. 그렇게 행복한 제주에서 일주일, 이주일이 지나 25일째, 26일, 곧 한 달이 벌써 다 되어가고 있었다. 일상으로 올라갈 준비를 조금씩 하게 됐고, 그러자 잊고 있었던 '불안감'도 조금씩 밀려오기 시작했다.

제주도가 가르쳐준 것

제주도에서의 휴식을 마무리하며 서울로 올라갈 날을 남겨두고, 나는 가장으로 다시 일을 해야 한다는 생각을 하는 동시에 시간을 자유롭게 활용하면서 할 수 있는 일은 없는지 고민하게 되었다. 그동안 일에 바빠서 가족과 시간을 보내지 못한다면, 앞만 보고 달리느라 가족을 제대로 챙기지도 못한다면, '과연 일은 왜 하는 거지?'라는 물음이 내 가슴을 울리기 시작했다.

가족을 위해 일한다는 말을 달고 살았지만 일 때문에 시간이 없어서 정작 가족이 나를 필요로 하는 순간에 같이 있어주지 못한다면 그것이 어떻게 가족을 위해서 일을 하는 것이라고 할 수 있을까?

지금까지는 남들도 다 그렇게 사니까 나 역시 그렇게 사는 것이라고 타협하고 살았는데, 제주도에서 한 달 살아보니 정작 중요한 게 무엇인지 생각해본 적도 없었고, 일에 바빠 가족을 소홀히 한 상황을 바꾸려고 용기를 내본 적도 없었다는 생각이 들었다. 나는 그냥 안일하게 직장을 다니며 매달 월급 받는 것이 안전한 가정을 꾸리는 길이고, 믿음직한 가장이 되는 길이라고만 생각했는데, 막상 이런 위기를 겪어보니 그렇지 않았던 것이다.

서울로 올라오는 비행기에서 나는 예전처럼 무조건 이력서를 내고 직장에 취업해서 월급을 받고 가정을 꾸리는 삶의 패턴이 아니라, 내 시간을 내 마음대로 자유자재로 쓰며 일할 수 있고 가장의 역할도 하면서 언제든지 필요할 때 가족과 함께 시간을 보낼 수 있는 일을 찾아보기로 생각을 바꿨다.

두 마리 토끼가 있는 고시원

다시 일상으로 돌아온 나는 제주도에서 충전한 에너지를 기운 삼아 예전과는 다르게 새로운 도전을 해보기로 결심했다. 나자신을 바꾸고 용기 내서 새로운 일에 도전하기로 하고, 평소 관심이 있었던 경매 공부를 시작했다. 4주 교육을 받는 동안 부푼마음으로 열심히 매물을 검색해보고, 권리 분석도 해보며 물건을 찾았다. 그렇게 서울은 물론 경기도, 울산 지역까지 새벽에 기차를 타고 가서 발품을 팔며 임장해서 조사하고 마음에 드는 매물이 있으면 법원으로 가서 입찰도 여러 번 했다. 그러나 패찰이 반복되면서 허무함과 불안감이 들었고, 시간이 흘러갈수록 '이게 맞는 것일까?', '내가 좋아하는 일일까?'라는 회의가 들었다. 처음 생각과는 달리 낙찰된다고 하더라도 경매라는 분야가 시간적인 자유를 주는 장점은 있었지만, 당장 현금 흐름이 필요했던 나에게는 적합하지 못하다는 판단이 들었던 것이다.

경매에 대한 회의감이 들던 차에 우연히 고시원 창업 관련 영상을 보게 되었다. 고시원 창업 영상을 보다 보니, 고시원이야말로 내가 찾던 사업 아이템과 맞아떨어졌다. 시간적으로도 여유 있고, 현금 흐름을 바로 만들어낼 수도 있었다. 당장 한 매체를 통해 컨설팅하는 원장을 만나 조언을 구했다. 고시원에 '고' 자도 모르는 내가 2시간 상담 후에 했던 생각은 '시간을 자유롭게 쓸 수 있고 투자 대비 30% 수익률이 가능하다면, 시간과 현금 두 마리 토끼를 잡을 수 있겠다!'라는 것이었다. 나는 어차피 전업으로 운영할 생각을 하고 있었지만 프로세스만 잘 갖추면 내 자유 시간을 훨씬 더 많이 쓸 수 있으리라는 전망이 머릿속에 그려졌다. 어느 누구에게나 공평하게 주어진 24시간 같지만, 자세히 들여다보면 직장에서는 내가 스스로 움직일 수 있는 시간이 허락되지 않았기 때문에 앞으로의 내 삶에서는 시간을 스스로 움직일 수 있는 사람이 되고 싶었다. 반드시 그렇게 만들겠다고 마음먹고 이제 실행하기 위해 움직이기 시작했다.

실제 손님인 척 다른 고시원을 방문해서 방들을 보러 다녔는데, 내가 다닌 고시원 열 곳 중 원장이 자리를 지키는 곳은 한 곳밖에 없었다. 직장에 다닐 때처럼 매일 9시에 출근해 6시에 퇴근하지 않아도 가능하다는 장점이 제일 먼저 눈에 들어왔다. 특별한 기술이 필요하지도 않았다. 다만 가지 않은 길을 간다는 것에 대한 두려움과 전혀 계획에 없던 '고시원 창업'이라는 생경함, 이 2가지 점이 걸릴 뿐이었다. 그러나 내 결심은 나조차도 놀랄 정도로 점점 견고해졌다. 그렇게 창업을 하기 위해 매물 임장이 시작되었다. 초보 예비 원장이 가지는 초조함과 한 집안의 가장이라는 절실함이 내 어깨를 눌렀지만, 나는 도전하기로 마음먹고 결심을 물리지 않았다.

고시원 전문 부동산 중개사를 세 번째 만난 날, 나는 총 다섯 번째 매물을 보고 속전속결로 서울 송파구에 위치한 올원룸 29실 고시원의 권리양도양수 계약서에 서명하고 전체 거래 금액의 10% 금액을 송금했다. 복도가 컴컴하고 방문이 모두 나무로 되어 있는, 아주 오래되고 낡고 복도 폭이 좁은 구소방 시설의 고시원을 말이다!

고시원 수익 구조도 모르고
시작한 겁 없는 도전

급한 마음에 고시원을 덜컥 계약하다

고시원을 처음 시작하겠다고 마음먹고 도전한 그때를 떠올리면 참 겁이 없었다. 수익 구조를 계산하는 방법도 몰랐고 어떠한 정보도 없었다. 다만 간절하고 절실한 마음만 가지고 있었을 뿐이다. 먼저 몸으로 부딪혀서 배우면 될 것이라고 생각했다. 나는 몸으로 배우는 것이 빠른 사람이라고 스스로 합리화하고 어떻게든 빨리 생활비를 벌어야겠다는 생각으로 가득 차 있었다.

급한 성격 탓일까? 무모한 행동이었을까? 나는 다섯 번째 본 매물을 거침없이 계약해버렸다. 4층 근린상가 건물로 1층에는 카센터와 치킨 가게가 자리 잡고 있었으며, 2층에는 작은 영어학원과 수학 학원이 상가 두 칸을 사용하고 있었다. 고시원의 위치는 왕복 4차선 도로에 접해 있었고 바로 건너편에는 소방서가 있었다. 나는 다른 곳보다 위치도 좋고 소방서까지 있으니 위급 상황에 더 안전할 거라는 막연한 생각에 큰 고민 없이 계약을 진행했다. 지금 생각하면 고시원 매물이 아니라 마치 오피스텔 매물을 알아보듯 너무 쉽게 본 것 같았다. '그저 시작하면 되겠지', '열심히 하면 잘될 거야'라는 마음이 더 앞서 계약을 서두르지 않았나 싶다. 그렇게 나는 서울 송파구 삼전동 3층에 위치한 29실 올원룸형의 고시원을 나의 첫 고시원으로 선택했다.

계약금을 완불하자 비로소 보인 실체

뭐가 좋은 건지 나쁜 건지도 모른 채 인수를 했는데 계약을 완료하자 비로소 정신이 들었다. 그동안 콩깍지가 씌었던 것 같았다. 위치도 좋고 큰 도로가 있어 좋다고 생각했던 그 고시원은 아주 낡고 시설이 오래된 고시원이었다. 29호실의 방문은 요즘 찾아보기 힘든 나무 문인 데다 문 손잡이는 덜컹거렸다. 복도 조명은 불이 나갈 듯 말듯 깜빡거렸는데, 고시원을 배경으로 한 드라마 〈타인은 지옥이다〉를 연상케 할 정도로 낮인데도 불구하고 마치 밤처럼 어두컴컴했다.

나는 죽기 살기로 힘들게 모은 전 재산 1억 원을 아주 오래되고 낡은 고시원의 창업 자금으로 사용했던 것이다. 중개사는 이 정도 금액으로 총 방 개수 29실에 화장실이 모두 있는 고시원을 구하려면 이곳밖에 없다고 소개했다. 계약 후 정신을 차리자, '과연 중개사 말이 맞는 것이었을까?'라는 의심이 들었다. 그러나 제대로 눈을 크게 뜨고 보니 이미 기차는 떠난 상황이었다. 구렁이 담 넘어가듯 계약서에 도장을 찍은 내 자신이 후회되고 중개사가 사기꾼처럼 느껴지기 시작했다.

고시원을 창업했다는 소식을 들은 지인 몇 명이 궁금하다며 방문했는데, 그들의 첫 마디는 똑같았다. "아니, 이런 곳에서 누가 살겠어?" 그들은 걱정된다는 눈으로 깊은 한숨을 내쉬었다. 정작 울고 싶은 사람은 나였는데 말이다. 계약을 되돌리기는 이미 늦었고 후회도 사치라고 생각하며 이대로 주저앉아 있을 수만은 없어서 추가 금액을 들여 부분 인테리어를 하기로 결심했다.

이미 가진 전 재산을 다 털었기 때문에 추가 비용이 필요했다. 다행히 직장 생활을 할 때 만들어두고 매년 증액했던 마이너스 통장을 이용할 수 있었다. 직접 업체를 알아보며 견적을 받아 가장 저렴한 곳만 선별했고, 도배를 할 때도 10개 방을 하면 1개 방은 서비스로 해달라고 적극적으로 부탁하며 공사를 진행했다. 고시원 근처 조명집에 여러 번 발품을 팔아 비용도 깎고 인건비도 깎아달라고 사정한 기억이 난다.

내 첫 고시원에는 보일러가 두 대 있었는데, '점검' 버튼에 불이 들어올 때마다 온수가 나오지 않아서 한숨을 쉬며 보일러도 교체했다(여기서 조언을 하나 하자면, 콘덴싱 보일러로 교체하면 지원금을 받을 수 있다. 한 대에 15만 원씩 두 대 30만 원을 업체에서 먼저 할인 적용해서 결제할 수 있으므로 비용을 더 절감할 수 있었다).

나는 조명을 시작으로 장판, 페인트, 시트지 등의 견적을 요청했고 그중 금액이 저렴한 업체와 진행해서 보수를 시작했다. 그 과정에서 문고리, 의자 등 일부 내가 할 수 있는 부분은 인터넷으로 구매해 옆에서 직접 작업했다. 일 순서에 따라 페인트 작업이 끝나면, 그 다음으로 복도, 천장, 도배 식으로 한 달에 가까운 시간이 지나가면서 조금씩 조금씩 처음과는 다르게 복도가 환해지고 밝은 모습을 갖추게 되면서 희망이 보이기 시작했다. 그렇게 마이너스 통장의 돈을 활용해서 부분 인테리어를 하는 데 총 비용이 1,000만 원이 들었다.

공실이 있었다니!

인테리어 공사를 하면서 뒤늦게 알게 된 사실도 있었다. 29실 중에 무려 12개 방이 공실이라는 것이었다. 공실률이 무려 50%에 육박했다! 나는 그것도 확인하지 않은 채 덜컥 인수한 것이었다. 몰랐으니까. 무지가 죄다. 아무것도 몰랐으니 그냥 부동산 사무소에서 공실이 조금 있으니 채우면 된다는 말에 바보처럼 "네" 했으니 지금 생각해보면 한심하고 또 한심할 따름이다.

인테리어 공사를 하면서 3실이 더 퇴실하게 되어 15실만 차 있는 상태였다. 그래서 인수 한 달 후 임대료와 운영비를 사용하고 매출을 확인해보니 내가 가져가는 순수익은 한 푼도 없었고 오히려 658,370원의 적자가 났다. 결국 가져가는 돈 100원도 없이 오히려 충당을 해야 했다. 공실률이 얼마나 중요한지 그때 당시는 전혀 몰랐다. 29호실 중 12개 방이 공실이라면 해당 임차 건물의 임대료를 지불하고 공과금 및 운영비까지 계산해보면 월수입이 없다는 의미였다. 바보 중에 상 바보가 따로 없었다.

고시원 되살리기 프로젝트

기존에 운영하던 원장은 고시원을 홍보하는 사이트 한 곳 외에는 광고를 하지 않았다. 그리고 1층 카센터 옆에 타지도 않는 오래된 본인의 승용차를 세워두고는 그 차에 작은 현수막을 달아 그 길을 지나가는 사람들에게만 홍보하는 정도였다.

시설 보수가 다 완료된 후에 나는 조금 자신감이 붙었다. 무엇보다 홍보에 중점을 두기로 했다. 오랜 직장 생활 동안 온라인 마케팅 총괄 담당으로 일했던 경험을 살려서 다양한 홍보 방식을 실행했다. 네이버 상위에 노출될 수 있는 파워링크를 검수 신청했고, 사람들이 내가 운영 중인 고시원을 쉽게 찾을 수 있도록 네이버 검색 키워드도 100개 이상 검수 후 노출시켰는데, 고가 키워드인 '잠실고시원', '잠실역고시원'은 물론, 저가 키워드지만 정확한 타깃팅 검색이 가능한 '잠실저렴한고시원', '삼전동원룸텔', '잠실추천고시원' 등 검색할 만한 키워드를 모두 홍보해 마케팅을 본격적으로 시작했다. 또 1인 주거 플랫폼 앱인 '고방'과 네이버 플레이스 지도 영역 중 고시원 영역을 제휴하고 있는 '룸앤스페이스'에 노출되도록 했다.

직접 잠실역에서 걸어오면서 찍은 사진과 동영상을 블로그에 자주 올리고, 프리랜서 앱 '크몽'을 통해서도 블로그를 홍보할 서포터즈를 모집해서 저렴한 비용에 사진을 전달하여 주기적으로 '잠실고시원', '잠실고시텔'의 키워드를 검색할 때 웹 상단에 내 고시원이 노출되도록 했다. 벼룩시장, 피터팬방구하기 카페도 적절히 활용했다. 이런 여러 홍보 덕분에 검색 영역부터, 블로그, 이미지, 동영상, 카페 영역까지 모두 내 고시원이 다 노출되고 보이기 시작했다. 광고를 하고 2주 정도 지나자 입실 문의 전화가 오기 시작했고 방을 보러 오는 손님들이 생기기 시작했다. 조금씩 방이 채워지면서 입실률이 90%가 되고 이어서 95%가 되었다. 이렇게 고시원 인수 3개월 만에 만실을 채우는 성과가 나자 순수익이 380만 원을 넘어섰다.

인테리어 보수를 진행하는 과정에서 기존 입실자들의 방을 자주 열어보면서 방 안에 짐이 굉장히 많은 광경을 보게 되었고, 엘리베이터 없는 3층에서 짐을 가지고 이사하는 것도 본인들에게는 쉽지 않을 것으로 판단했다. 그래서 과감하게 방 가격을 3만 원씩 모두 인상했는데, 생각대로 단 한 명의 퇴실자도 없었다. 지인조차 안 될 거라고 한숨을 내쉬며 돌아갔던 내 고시원에 기적 같은 일이 일어난 것이다. 그때 그 성취감은 말로 다 설명할 수 없을 정도였다. 기쁘고 기쁘고 또 기뻤다.

겁 없는 도전의 결과

수익 구조도 모르고 시작한 겁 없는 도전이었다. 운영하기 시작한 지 3개월이란 짧은 시간 동안 많은 것들이 변했다. 엘리베이터 없던 3층에 위치한 고시원에 인테리어 공사를 했고, 구석구석 숨어 있던 폐기물과 쓰레기들을 버리느라 수십 번 계단을 오르락내리락하면서 다리에는 알이 배기고 팔에는 근육이 붙었다. 고시원을 창업하면서 생각하지 못한 일이 생길 때마다 마땅히 물어볼 사람이 없어 혼자 고민하고 끙끙대며 힘들었던 때가 많았다. 포기하고 싶었던 순간은 수시로 찾아왔다.

그러나 가장이라는 책임감과 간절함 때문에 겨우겨우 용기라는 이름으로 붙잡았다. 겁 없던 나의 도전에 대해 지인들은 이제 이렇게 말했다. "너 대단하다, 고시원 괜찮네. 일주일에 두 번 나가는데 그 정도 수익이면 나도 하고 싶다."

오피스텔보다 수익률
10배 차이 나는 고시원 투자

부동산 투자의 일환으로 투자하는 사람들

고시원 사업에 관심을 갖는 사람들 중에는 부동산에도 관심 있는 이들이 많다. 그래서 임대 사업과 가장 유사한 사업으로 고시원 운영 투자를 택하는 경우가 적지 않다.

경매를 알아보다가 현금 흐름을 만들기 위해서 접근하는 경우도 마찬가지인데, 똑같은 투자 금액으로 오피스텔에 투자했을 때와 고시원에 투자했을 때 그 수익률 차이는 10배 이상 난다는 놀라운 사실에서 고시원 투자를 접근하면 좋겠다.

두 번째 고시원에 도전하다

나 역시 첫 번째 고시원을 운영할 때는 1억 원 초반의 금액으로 투자하다 보니 높은 수익률을 만들었다고 하더라도 한 달에 순수익이 380만 원 정도였다. 투자 대비 낮은 수익률도 아니고 일주일에 두 번 정도 나가서 근무 시간에 비해서도 적지 않은 금액이라고 생각했다. 다만 가장으로 아이를 키우는 입장에서 이 수익보다는 더 벌어야 했다. 다행히 아내 명의로 된 서울에 1인 거주 오피스텔이 한 채 있어서 매달 임대 수입의 50만 원이 추가되어 생활에 보탬이 되기는 했다.

시간은 참 빠르게 흘러갔다. 고시원을 운영한 지 1년이 지나자 온라인 홍보에 대한 자신감도 생겼고 욕심이 생기기 시작했다. 좀 더 방 개수가 많은 고시원을 인수해서 운영하면 어떨까? 투자 대비 수익률로만 봤을 때 30%로 계산하면 2억 원 투자로 매달 600만 원의 고정 수입을 만들어낼 수 있지 않을까? 이런저런 변화가 필요한 타이밍이었다.

월세 50만 원에서 월 수익 500만 원으로

어느 날 나는 아내와 함께 조용히 앉아서 대화를 하면서 두 번째 고시원에 대한 포부를 밝혔다. 나는 아내에게 보유 중인 오피스텔 임대 형태를 월세 50만 원에서 전세로 바꾸고 그 자금을 나에게 투자해달라고 제안한 것이다. 그렇게 하면, 내가 매달 월세 50만 원을 500만 원이 넘는 금액으로 만들어주겠다고 했다. 당시 나는 나름대로 자신이 있었고 그 약속을 충분히 지킬 수 있으리라고 생각했다.

내가 고시원 창업을 준비하는 것을 가장 가까이에서 지켜본 사람이 아내였다. 아내는 인수 후 정비하는 2~3개월은 바쁘지만 이후 시스템만 갖춰지면 시간이 자유로운 직업이라는 것을 잘 알고 있어서 내 말에 귀를 기울여줬고 어려운 결정을 흔쾌히 수락해줬다. 아내의 동의를 받아 오피스텔을 월세 계약 만기에 맞춰서 전세로 돌려 큰 금액을 마련할 수 있었다. 그리고 첫 번째 운영 중인 고시원을 양도하여 2억 원 초반의 총 투자 가능한

수익 비교: 오피스텔 vs 고시원

월 임대 수익 = 50만 원	월 사업 수익 = 850만 원

* 실제 보유 중인 오피스텔 외관 이미지

자금을 만들었다. 지금 생각해도 그때 부동산에 투자해둔 자산을 고시원 사업으로 옮기길 잘했다는 생각이 든다. 그대로 유지했더라면 그대로 매달 50만 원씩만 더 받았겠지만, 현금을 고시원 사업으로 이동시킨 지금은 현재 매달 850만 원이 넘는 순수익을 벌고 있으니 말이다.

수익률 10배에 도전하라

오피스텔 투자는 임대 사업인 반면, 고시원 투자는 서비스업이어서 분명한 차이가 있다. 그러나 동일한 2억 원 초반의 투자 금액으로 오피스텔 투자 시 매달 50만 원의 수익(임대인이 받는 보증금에 따라서 월세는 달라진다. 보통 오피스텔의 투자 연수익률은 4% 정도 보는 것이 보편적이다)이 발생하는 반면, 고시원은 그보다 몇 배나 되는 수익을 남길 수 있는 장점이 있다. 물론 오피스텔 임대는 1년 또는 2년 계약 기간 동안 임대인이 아무것도 신경 쓰지 않아도 되는 장점이 있지만, 수익률 면에서만 봤을 때 (지역마다 편차가 있겠지만) 잘해봤자 5% 정도에 그친다.

고시원 사업은 서비스업이므로 신경을 써야 할 부분이 처음에는 상당히 많지만, 만실로 운영한다면 30% 이상의 수익률을 올릴 수 있어서 수익이 오피스텔보다 10배 이상 차이가 난다. 재차 강조하지만, 가장 큰 이점은 고시원 사업을 시작해 한두 달 정도 시간이 흐르고 내부 업무가 손에 잡히고 돌아가는 일이 다 파악된다면 신경 쓸 부분은 계속 줄어든다는 것이다. 거기에 총무 또는 청소 용역을 활용해서 운영하는 방식으로 바뀐다면, 임대 사업과 가장 유사한 사업이라고 할 수 있다.

나 역시도 현재 그렇게 비슷하게 운영하며, 일주일에 한 번에서 두 번 정도 나가 확인하는 정도로 사업을 하고 있다. 사업을 한다는 것은 결국 돈을 벌기 위함이다. 조금의 시간을 할애해 경험을 쌓아간다면 자금이 생겼을 때 고시원 사업을 확장하는 것도 그리 어렵지 않다. 생각을 바꿔서 묶여 있는 자금을 활용해보라. 돈을 굴러가게 만들라. 그러면 지금보다 더 큰 수익을 가져올 토양이 마련될 수 있다.

일주일에 이틀 일하고
수익 월 1,000만 원

취업에서 창업으로

직장을 그만두고 고시원 사업에 관심을 갖고 뛰어들 때까지만 해도, 나는 고시원이 이렇게까지 잘될 거라고는 생각하지 못했다. 어쩔 수 없는 선택 속에서 취업이 아닌 창업의 길로 들어서게 되면서 절실함과 간절함으로 아무것도 모른 채 시작한 것이 전부였기 때문이다. 절박함 하나로 이 일을 시작하게 되었고 쉽지 않은 여러 과정을 겪으며 일주일에 이틀만 일하고 월 1,000만 원 버는 고시원을 운영하게 된 사람이 된 것은 분명한 사실이다. 새로운 시작이라는 도전 앞에 두렵고 겁이 나는 것은 누구나 마찬가지겠지만, 목표를 위해서 그 두려움을 이겨낸 용기 덕분에 지금의 이 자리에 오게 되었다고 생각한다.

월 1,000만 원의 수익이 가능한 투자 금액

고시원 창업은 어디까지나 자본 시장을 따라간다. 따라서 금전적인 부분을 먼저 이야기하지 않을 수 없다. 고시원 창업으로 큰 수익을 내기 위해 필요한 자금은 2억 원 중반에서 3억 원 사이다. 이는 누구에게는 엄청난 큰 액수겠지만, 또 다른 누구에게는 창업을 위해 이 정도는 필요한 자금이라고 생각할 수 있는 금액이다. 고시원으로 월 1,000만 원의 수익을 만들기 위해서는 이 정도의 수익이 나오는 고시원을 인수해야 하는데, 적어도 2억 원 중반에서 3억 원 사이의 자금은 있어야 월 1,000만 원에 가까운 수익이 가능하다고 판단한다.

보통 고시원 창업을 위해 가장 많이 진입하는 금액은 1억 원에서 1억 원 초반이다. 그러나 현실적으로 1억 원대 금액으로 월 1,000만 원을 버는 것은 어렵다. 금액대가 높다는 것은 권리금이 그만큼 형성되었다는 의미고, 이는 그만큼 벌이가 잘되어 매출이 꾸준히 나오는 곳이라는 의미다. 적어도 방 개수가 40개 이상에서 50개 또는 60개 이상의 매물도 선택할 수 있다. 따라서 월세가 아주 높지 않은 곳으로 들어가 방을 꾸며 평균 가격을 올린다면 그 이상의 순수익도 노려볼 수 있다.

고시원 컨설팅을 받는 이유

자금이 준비되었다면 그다음은 수익이 나는 데이터의 매물을 선점하는 것이 우선 중요하다. 내가 맨땅에 헤딩해서 구덩이를 팠듯이 초보의 경우 이 매물이 괜찮은지 아닌지 쉽게 판단하지 못한다. 창업을 결정했다면 그때부터 발품을 팔아 매물을 자주 보러 다니는 공부도 필요하다. 책상에 앉아서 하는 공부는 고시원 창업에 큰 도움이 되지 않는다. 적어도 운영 경험이 있는 원장과의 상담, 스터디 교육 등을 통해 유경험자들의 경험을 듣고 내가 직접 할 수 있는 성향인지 판단해보는 것이 더 도움이 된다.

그렇다면 고시원 컨설팅을 받는 이유는 무엇 때문일까? 스터디 교육으로는 해결하기 어렵기 때문일까? 내가 생각하는 이유는 바로 '고시원 시장 자체가 진입 장벽이 높은 업종이기' 때문이다. 결국 시장에 나온 매물을 중개하는 것은 부동산 사무소의 몫이다. 컨설팅을 한다는 사람들 역시 직접 매물 작업을 하는 직원이 없다면 고시원 전문 부동산 사무소에 의지해야 하는 것이다.

만약 우리가 일반 부동산에서 아파트를 매수하기 위해 구입 의사가 있으니 급매 또는 층이 좋은 곳이 나오면 알려달라고 전화를 했다고 해보자. 그럼 그 좋은 매물이 나올 때 나에게 가장 먼저 연락이 올 거라는 확신이 있을까? 아니다. 이처럼 고시원 전문 부동산 사무소 역시 이미 부동산 사무소와 친분이 있는 원장들이나 컨설팅을 목적으로 하는 사람들과의 관계를 우선하기 때문에, 그런 매물이 나오면 가장 먼저 컨설팅하는 사람에게 정보를 전달하는 경우가 많고 그 사람에게 컨설팅을 받고 매물을 기다리는 손님에게 전달되는 확률이 훨씬 높다. 금액이 합당하고 그만큼의 가치가 있다면 컨설팅을 받는 것도 나쁘다고는 생각하지 않지만, 무조건 받으라는 의미로 이야기하는 것은 아니다. 이미 시장을 이해하고 직접 알아보더라도 더 많은 노력으로 좋은 매물을 선점하라는 뜻에서 알려드리는 것이다.

가끔 받는 질문 중에 매물을 알아보는 기간을 어느 정도로 봐야 하는지 묻는 경우가 있다. 내가 매물을 알아본다고 해서 바로 좋은 매물이 나오는 것은 아니다. 1년 넘게 매물만 알아보는 사람도 있다. 급하게 서둘러서는 안 되지만, 좋은 매물이라고 판단되는 경우에는 바로 선점할 줄 아는 눈이 반드시 필요하다. 현재도 고시원 시장에 조금만 괜찮은 매물이 나오면 며칠 후 바로 계약되는 것이 현실이기 때문이다.

'저 매물 내가 할까?', '다른 것을 기다리면 더 좋은 매물이 내게 오지 않을까?'라고 생각하다가 점 찍어둔 매물이 계약되면 아쉬워하는 마음이 드는 동시에 모두들 같은 이야기를 하곤 한다. "나와 인연이 아닌가 봐요." 좋은 입지, 좋은 컨디션, 데이터 좋은 고시원을 인수해서 사업을 하는 것이기 때문에, '이거다!'라고 생각한다면 인연을 기다리는 것이 아니라 저 매물과 내가 인연을 만들겠다는 생각으로 달리 접근하면 좋을 것 같다.

1등 고시원 만들기

이제 수익 나는 매물을 찾는 일이 쉽지 않다는 것을 알았을 것이다. 그다음 단계로 인테리어를 고민하게 될 것이고, 그다음 단계로 온라인 홍보 마케팅 방법을 생각하게 될 것이다. 그리고 하나씩 하나씩 운영하면서 6개월, 1년이 지나면 여러 상황들을 경험하면서 고시원 원장이 되어가는 것이다.

이처럼 고시원 창업을 생각하고 진입을 한 원장들이 똑같은 과정을 겪는데, 내가 인수한 지역에서 1등 고시원을 만들기 위해 더 열심히 관리하고 홍보해 만실이 되면 원하는 수익을 얻을 수 있을 것이며, 그에 따라 시간적인 자유와 경제적인 자유를 동시에 누리게 될 것이다. 나 역시도 이 과정들을 지나 현재 일주일에 이틀만 일하고 월 1,000만 원 버는 고시원을 만들었기 때문이다.

고시원 창업 과정

단계	항목
1단계	**[매물 찾기]** 흔한 매물이 아닌 입지, 수익 구조, 데이터 좋은 매물을 선점하는 것이 중요하다.
2단계	**[인테리어]** 처음부터 너무 많은 예산을 들이지 말고, 부분 작업부터 할 것을 추천한다.
3단계	**[온라인 마케팅]** 고시원을 찾는 온라인 매체 영역에 운영 고시원이 노출되도록 홍보한다.
4단계	**[만실 고시원 원장]** 만실을 이뤄 오토 시스템을 적용해 시간적, 경제적 자유를 얻는다.

2장

나는 건물주처럼
살기로 마음먹었다

창업자 99%가
모르는 블루오션

안전을 보장받는 사업은 존재하지 않는다

우리는 대개 '창업' 하면 대기업에서 운영하는 프랜차이즈를 먼저 떠올린다. 프랜차이즈 사업은 본사에서 직접 가맹 교육을 실시해주고, 기업의 확고한 브랜드 이미지가 마치 개별 사업자의 사업 안전성을 보장해줄 것처럼 느껴지기 때문이다. 그런데 프랜차이즈 사업을 한다고 해서 그 사업이 100% 안전을 보장받을 수 있을까? 사실상 그런 업종은 시장에 존재하지 않는다.

어떤 사업이든 사업에는 당연히 리스크가 있고, 어떤 장사든 주변에 경쟁 상대가 없는 곳은 없다. 동일 업종이 주변에 많으면 많을수록 경쟁은 더 치열해지고 가격 경쟁력은 떨어질 수밖에 없다. 속된 말로 나눠 먹기를 해야 하는 상황이 벌어지고, 매출은 계속 하락하게 된다. 우리나라의 대표적인 제과 프랜차이즈 인 '파리바게트'를 한번 생각해보자. 입지적으로 우수한 곳에 위치를 잡는다 해도 너무 많은 가맹점이 우후죽순으로 생겨서 웬만해서는 매출을 맞추기 힘들어졌고 웬만큼 많이 팔아서는 수지타산을 맞추기 힘들다. 대기업에서 운영하는 프랜차이즈라고 해도 무조건 안전한 사업이라고 장담할 수만은 없는 것이 현실이다.

공급량이 많은데도 블루오션이라고?

시장에 이미 많은 사업체가 존재한다면 장사가 되는 것으로 볼 수 있다. 그 수로만 본다면 고시원 역시 만만치 않은데, 다만 고시원의 경우 위치가 건물 2층 이상에 자리 잡고 있어 관심을 갖지 않는 한 모르고 지나쳤을 수 있다.

KOSIS 국가통계포털에서 기숙사 및 고시원 운영업 전국 단독 사업체 수를 확인해보면, 5,399건(2019년 통계자료 기준)이다. 이중 서울 지역만 3,060건으로, 분포 지역을 생각하지 않고 단순히 서울의 총 25개구로만 나눠봐도 행정구역마다 122곳이 있음을 가늠할 수 있을 정도다. 시장에 진입한 고시원 수가 물리적으로 매우 많다는 것을 실감할 수 있다. 게다가 오토 시스템이라는 점에서 사업 아이템을 알아보면 독서실, 스터디 카페까지 고시원과 함께 비교 대상이 되곤 한다.

다시 말해 고시원은 그 자체 수로도 시장에 충분히 많고, 유사 업종인 숙박업 쉐어하우스까지 포함한다면 이미 물리적인 양 면에서 레드오션 중의 레드오션이라고 할 것이다. 그러나 나는 자신 있게 고시원만큼은 여전히 '블루오션'인 사업 영역이라고 말할 수 있다. 대략적으로 4가지 이유에서 그렇다.

첫째, 고시원이 물리적으로 많아 보이지만, 수요층 대비 여전히 공급 부족이다. 통계자료를 보면 우리나라 2016년 1인 가구 비율이 27.9%, 539.8만 가구였다. 그러나 2020년 1인 가구 비율이 31.7%로 넘어섰고 1인 가구 수가 664.3만 가구로 4년 만에 124.5만 가구나 증가했다. 1인 가구에 해당한다고 모두 고시원을 이용하는 것은 아니지만, 집값은 계속 고공행진하고 있고 금리는 인상되고 코로나19로 인해 젊은 층의 취업난은 더욱 심각해지고 있는 상황이다. 목돈이라도 있으면 보증금을 지불하고 오피스텔 거주를 생각하겠지만, 목돈을 마련하기 힘들다면 보증금이 10만 원 내외이고 입퇴실이 자유로운 깨끗한 원룸형 고시원을 이용하게 될 것이라고 본다. 이런 점에서 고시원은 블루오션이다.

둘째, 고시원은 진입 장벽이 높다. 고시원이라는 단어가 우리 머릿속에 심어놓은 고정관념이 매우 크기 때문에 신규 투자의 유입 수요를 가로막는다. 주변에 개인 사업을 하는 사람은 많아도 고시원을 운영한다는 경우는 드물 것이다.

시인의 소언을 구하기 어렵고 사업에 대한 이해가 부족하기 때문에 그 장벽은 높을 수밖에 없다. 또한 건축법에 따라 바닥면적 합계가 500제곱미터(150평)로 제약되어 있어서 이를 초과하면 숙박 고시원으로 허가를 받는 데 제약이 많다. 보통 고시원이 100평 이상 되는 경우가 많은데, 이 말은 한 분양상가 건물에 이미 고시원으로 허가받아 운영 중인 곳이 있다면 해당 건물에 추가적으로 경쟁업체가 새로 진입할 수 없다는 말이다. 내가 운영 중인 건물이나 앞의 경쟁업체 건물 바로 위층에 고시원이 더 생길 수 없다는 점이 고시원이 블루오션인 이유다.

셋째, 창업에 대한 정보를 쉽게 얻을 수 없다. 투자를 결심할 때는 내가 아는 정보력에 의지하게 된다. 고시원은 권리금이 형성되어 있는 특수물건이다. 고시원만 전문적으로 취급하는 부동산 사무소들이 따로 있으며, 일반 부동산 사무소에서는 매물 자체를 보유하고 있지도 않는다. 따라서 일반인 입장에서 고시원 매물을 알아보기도 힘들 뿐만 아니라 창업 정보를 구하기도 힘들다.

간혹 고시원을 운영하면서 고시원 중개도 겸하는 사람이 있다. 자신이 운영하는 노하우까지 알려준다고 하지만 중개사의 목적은 중개를 하고 수수료를 받는 것이다. 이 사람들은 절대 창업 정보 교육을 해주는 사람들이 아니다. 그만큼 창업 정보를 얻기 어렵고 큰 용기를 가지고 코앞까지 왔더라도 정보에 대한 확신이 없어서 포기하고 다른 업종으로 생각을 바꾸는 경우를 많이 봤다. 이것이 나의 경험에 근거한 세 번째 이유다.

넷째, 고시원은 오토 시스템이 가능해 인건비가 들지 않는 사업이다. 편의점 점주보다 야간 아르바이트생이 돈을 더 많이 벌어간다는 이야기를 들어봤다. 2022년 최저임금은 시간당 9,160원이다. 혼자서 운영할 수 없는 사업들이 많아서 거의 대부분 자신이 없는 시간을 활용해 아르바이트생을 고용한다. 고용한 아르바이트생에게 지급하는 비용도 무시할 수 없지만, 사람을 고용할 때는 그만큼 신경도 써야 한다.

고시원은 사람이 사는 공간을 관리해주는 것이 주가 될 뿐 자리를 계속 지키고 있어야 하는 곳은 아니다. 시스템만 갖춰두면 충분히 오토 운영이 가능하고 혼자서도 할 수 있기 때문에 아르바이트생 인건비가 지출되지도 않는다. 앞으로 최저임금이 올라도 이 사업에 타격을 주지 못한다. 오토 운영이 가능해 사업 인건비가 안 드는 사업이라는 점이 고시원을 마지막 블루오션으로 생각하는 이유다.

시스템만 갖추면 임대업과 가장 유사한 사업

주거 공간에 대한 1인 수요는 앞으로 계속해서 늘어날 것으로 예상되고, 이에 따라 안전하고 저렴한 고시원을 찾는 수요층도 계속 늘어날 것이다. 고시원은 프랜차이즈 업종에 비해 소자본(매물마다 권리금은 다르다)으로 안전한 수익률을 올릴 수 있다는 점에서 초보 창업자는 물론이고 은퇴자가 뛰어들 수 있는 좋은 창업 분야가 될 수 있다.

기적의 수익률,
연 30%가 가능하다

고시원 수익률은 30%

고시원 창업에 관심을 갖는 이유 중 가장 핵심이 되는 것이 바로 투자 대비 30%의 수익률이 가능하다는 것이다. 그 외 장점으로 시간적인 여유, 사업의 안정성이 다른 어느 분야보다 더 높다는 판단도 고시원에 투자해야 할 좋은 이유가 된다. 그러나 창업을 한다는 것은 어디까지나 사업을 하는 것이기 때문에 아무리 안정적이고 시간적인 여유가 많이 생긴다고 해도 수익률이 좋지 않다면 그 사업을 해야 할 이유가 사라진다. 그런 면에서 고시원은 수익률 30%를 만들 수 있는 사업이므로 초보 창업자일지라도 특별한 기술 없이 진입할 수 있는 사업이라고 확신한다.

수익률 계산 방법

첫 번째 고시원에서는 총 투자금 대비 32% 수익률을 만들었으며, 현재 운영 중인 고시원은 37% 정도의 수익률을 유지하며 운영 중에 있다. 그럼 어떻게 고시원에 투자하면 30% 정도의 수익이 가능할까? 먼저 살펴봐야 할 것은 고시원 룸 구성이다. 운영하는 고시원에 따라 원룸, 미니룸, 샤워룸 등 방의 유형이 다를 수 있다. 수익률은(만실이라고 가정해) 방 개수에 평균 가격을 곱

2022년 5월 매출/순익 현황표

입실 개수 44실 (입실 금액 × 입실인)	350,000원 × 8	360,000원 × 3	370,000원 × 4	380,000원 × 13
	2,800,000원	1,080,000원	1,480,000원	4,940,000원
	400,000원 × 6	420,000원 ×1	450,000원 × 7	500,000원 × 1
	2,400,000원	420,000원	3,150,000원	500,000원
총 매출 금액 (공실 1실)	16,770,000원			
지출 항목	도시가스	전기요금	임대료 (VAT포함)	수도세
	266,860원	463,370원	6,050,000원	210,900원
	LGU+ (인터넷, TV)	KT 전화요금	쿠팡 (운영비 지출)	키워드 광고 비용
	148,500원	12,900원	200,000원	만실일 경우 지출 안함
총 지출 금액	7,352,530원			
순수익 (매출 – 지출)	9,417,470원			

* 현재 내가 운영 중인 고시원의 순수익 현황이다.

해서 나온 금액에서 건물 임대료, 공과금, 관리비, 운영비를 제외한 것을 말한다. 예를 들어 건물 보증금과 권리금을 합쳐서 총 투자 금액이 1억 원이라고 해보자. 방 개수는 29실이 있어 평균 방 가격이 35만 원이라고 해보자. 그럼 만실을 채우면 총 매출이 1,015만 원이다. 매출 1,015만 원에서 임대료 380만원, 부가세 38만 원, 공과금(전기, 수도, 도시가스 요금) 150만원, 인터넷 15만원, 온라인 광고비 20만 원, 운영비(라면,쌀,김치) 24만 원을 제외하면 총 순수익이 388만 원으로 계산된다. 만실로 방이 모두 채워졌을 경우 이달은 투자금 대비 38%의 순수익이 발생한다.

30% 수익이 불가능한 고시원은 없다

내가 수익률 계산 방법을 이렇게 말하면 혹자는 고시원을 창업하기만 하면 매달 이렇게 수익이 발생하는지 물어오는 사람도 있다. 그렇지는 않다. 아니, 정확히 말하면 누가 어떻게 운영하는지에 따라 달라지는 게 고시원 사업이라고 생각한다.

주변 지인들이 운영하는 고시원을 보면 대개는 수익률 30%를 모두 넘어선다. 그만큼 본인들의 노하우도 있겠지만 주어진 여건에 맞춰 열심히 최선을 다하기 때문에 가능한 일이라고 생각한다. 그런데 간혹 시기상 방이 갑자기 여러 개 빠지거나 미달되는 달도 생길 수 있다. 이런 예외 상황을 모두 감안한다 하더라도 처음 인수할 때 데이터 좋은 매물에 들어갔다면 고시원의 수익률이 30%에서 40% 이상도 가능할 수 있다. 이를 1년 평균치로 계산해서 30% 수익률로 잡으면 된다. 이때 반드시 알아야 할 것은 고시원은 절대 임대업이 아니라는 사실이다. 만약 임대업이라면 30% 수익률이 고정되어 창업과 동시에 내 주머니로 들어올 수 있다. 그러나 고시원은 서비스업이다. 창업했다고 자연스럽게 알아서 방이 차지 않는다. 이는 매달 동일한 수익률을 유지한다는 의미도 아니며, 매달 만실을 보장받는 사업도 아니라는 소리다. 만약 매해 동일한 수익이 나고 만실이 보장된다면 모두 고시원을 창업하기 위해 몰려들어야 하지 않을까?

여러 요인으로 부침이 있을 수 있지만, 고시원 창업의 핵심적인 부분인 '30% 수익'이 불가능한 것은 아니다. 다만 진입 장벽이 높은 사업인 만큼(안정적인 운영을 하기까지 꽤 시간이 걸리고, 선뜻 시작하기 쉽지 않은 사업장이니) 속을 들여다보고 장단점을 정확히 파악한다면, 누구든 도전해서 이루어낼 수 있다는 사실이 중요하다.

나는 앞으로 운영하는 고시원을 차차 늘려갈 계획이다. 그렇게 되면 운영이 아니라 경영이라는 표현을 쓰고 싶은데, 이 업을 하는 사람들 중에서 사업을 확장해나가는 경우가 초보 진입자들보다 더 많다고 생각한다. 그만큼 금전적, 시간적 투자 대비 수익률이 좋고 안정성이 있다고 판단한다는 방증일 것이다.

간절하고 절실하면 할 수 있다

고시원 창업에 대해 관심을 가지고 여기에 도전하기 위해 지금도 내게 고시원 창업 컨설팅을 의뢰하는 분들이 꽤 많다. 그분들께 드리는 말씀은 '생각보다 쉽지는 않을 것'이라는 것이다. 초보라 아무 경험이 없어서 두려운 데다, '억' 단위라는 큰 돈을 힘들게 모아서 제2의 인생에 도전하려는 것이기 때문에 당연히 걱정도 많이 할 것이다. 그래서 매물을 알아보는 과정에서 '과연 될까', '내가 할 수 있는 업이 맞나?'라고 수십 번 생각하게 될 것이다. 그렇기 때문에 창업을 생각하다가 중도에 생각을 바꾸고 다른 업종으로 바꾼다거나 나중으로 창업을 미루는 경우도 빈번하게 일어나기도 한다.

나와 같이 절박함 하나로 몸소 경험하며 '천직'으로 느껴가며 해나가는 사람들도 있고 시간적, 경제적 자유라는 목표를 달성하기 위해 창업에 도전하는 사람도 있다. 경험자 입장에서 확실하게 말할 수 있는 것은 '간절하고 절실하면' 이루어진다는 것이다. 지금 나는 직장 생활 때보다는 훨씬 나은 시간적, 경제적 여유를 누리고 있지만, 고시원을 처음 시작할 때의 마인드만큼은 늘 간직하려고 노력하고 있다. 이것이 내가 새롭게 고시원 창업에 도전하려는 사람들과 수익률 30%를 이루려는 사람들에게 반드시 전하고 싶은 메시지다. 절실함, 간절함, 초심을 잃지 않는다면 누구든 가능하다.

오토 시스템으로
시간적 여유를 얻다

고시원은 오토 시스템이 가능한 사업

내 인생의 터닝포인트는 7년간 바쁜 직장 생활을 하다가 갑작스럽게 그만두게 된 때였다. 그때 시간적인 여유가 중요하다는 생각이 크게 들었다. 가족과 제주도 한 달 살기를 통해 가족과 보내는 시간만큼 의미 있고 귀한 시간은 없었다고 느꼈기 때문이다. 인생을 살면서 나에게 가장 힘들고 슬픈 시기를 함께 위로하고 같이 있어준 것은 가족밖에는 없었다. 가족의 소중함을 몸소 느꼈기 때문에 언제 어디서든 가족에게 무슨 일이 일어날 수도 있다는 생각이 들어서 어디에 매여 있을 수만은 없다고 결정했다. 그런 생각으로 오토 시스템이 가능하다는 사업의 특성 때문에 나 역시 고시원 창업에 관심을 크게 가졌던 것이다.

직원이 필요 없는 오토 사업

오토 시스템으로 운영한다고 하면, 사람들은 100% 오토인지 아니면 내가 없는 시간에도 자동적으로 돌아간다는 것인지 등을 궁금해한다. 100% 오토 시스템으로 운영한다고 하는 것을 실제 운영하는 내 사업장에 1년 365일 한 번도 나가지 않아도 된다고 오해하는 경우가 있는데, 이것은 정확히 아니라고 말하겠다.

먼저 주인이 없는 사업장이 잘 돌아가리라고 생각하지 않는다. 오토 시스템을 만들었다고 해도 적어도 일주일에 한두 번 정도는 나가봐야 오토 운영에 문제가 없을 것이다. 고시원 창업을 시작하고 1년 정도 운영을 할 때만 해도 이렇게까지 오토 운영을 할 수 있을 것으로 생각했던 것은 아니다. 일정 시간과 경험이 쌓이고 돌아가는 상황이 다 파악되었을 때 나가는 시간을 조금씩 줄이는 과정을 거치면서 가능하다는 것을 파악했기 때문에 실현된 것이다.

시간적 자유를 누리다

내게 고시원 오토 시스템은 내가 없어도 자동으로 돌아가는 것이며, 출근 시간이 자유롭고 퇴근 시간 역시 내가 원하는 대로 조정하는 것이다. 직장을 다닐 때는 가정에 일이 있어 연차를 사용하는 것도 회사 일이 바쁘고 눈치가 보여서 내 뜻대로 사용할 수 없을 때가 참 많았다. 가족을 위해 돈을 번다고 하면서도 결국 중요한 가족 일에는 동참할 수 없었고 시간을 내 마음대로 조율할 수 있는 경우가 없었다. 그러나 지금은 전혀 다른 삶을 살고 있다. 이제 다섯 살이 된 아들이 유치원에 갈 때 일주일에 평균 세 번 이상은 직접 등원시키며 버스를 타고 가는 모습을 보고 웃으며 손을 흔들어주는 아빠가 되었다.

어느 날은 등원을 시키고 하원을 하는 경우도 종종 생기니 같은 반 아이 엄마들이 누구누구 아빠는 일을 하지 않는 백수가 아닌지 아내에게 조심스럽게 물어보는 경우도 있었다는 이야기를 듣고 한참 웃었던 기억이 있다. 주변에서 그렇게 오해할 만도 하다. 매일 아이를 등원시키는 아빠는 나밖에 없었으니 말이다. 나는 시간적으로 여유가 있어서 나름 만족도 높은 삶에 행복해하며 살아가고 있다. 내가 어릴 적에 부모님은 바빠서 이렇게 해주시지 못했다. 입학식과 졸업식은 물론 부모님이 함께해주시지 못할 때가 많았지만, 나의 가정에서는 가장으로서 아빠로서 남편으로서 빈자리 없이 빈틈없이 채워주고 싶다.

내 삶의 시간을 내가 움직이며 산다

고시원을 창업하고 두 달 정도는 매일 바쁜 일정에 가정일과 육아도 함께하지 못했지만, 지금은 가족과 보내는 시간도 정말 많아졌다. 무엇보다 아내가 고시원 사업을 긍정적으로 생각한다는 것이 가장 크게 달라진 점이다. 그래서 내가 다른 업종의 사업을 한다면 반대하지만, 동일한 고시원을 확장하여 추가로 하겠다면 반대하지 않는다. 이렇게 자리 잡기 전까지는 같이 불안했을 텐데 이제 달라진 것이다.

지난해 연말 가족과 천안에 여행을 갔다. 2박 3일 예정으로 간 여행이었는데, 더 있기로 결정하고 일주일을 보내고 올라왔다. 막상 2박 3일의 시간이 짧게 느껴지고 아쉽기도 해서 결국 새해를 천안에서 보내고 올라온 것이다. 이렇듯 고시원 창업을 시작으로 오토 시스템도 만들고 시간적인 여유를 얻으면서 내 삶의 시간을 내가 움직이게 되었다. 고시원 창업을 시작한 그때의 선택이 나에게는 제2의 인생을 살게 하는 새로운 시작이 되었던 것이다.

직장인도 '투잡'을
할 수 있다

1인 1직업 시대는 끝났다

2022년 2월 통계청에서 연간 소비자물가동향을 발표했다. 소비자물가지수는 105.30으로 전월인 1월보다 0.6% 상승했고, 전년 동월과 대비해서는 3.7% 상승한 것으로 나타났다. 7월에는 한국은행이 소비자물가가 상당기간 6%대에 달할 것이라고 발표했다. 또한 우크라이나 사태로 인해 국제유가가 급등한 것은 물론, 가공식품과 외식 등의 개인서비스 물가가 높아진 것으로 보인다. (류난영, '한은 "물가 상당기간 6%대…연간 4.5% 상당폭 상회"', 뉴시스, 2022. 7. 13.)

군이 이러한 발표 내용을 확인하지 않더라도 우리는 가파르게 상승된 물가를 생활 곳곳에서 체감하고 있다. 연일 치솟는 물가로 인해 리퍼 또는 중고를 찾는 소비자들도 많아지고 있는 추세라고 한다.

이렇듯 매년 물가는 상승할 뿐 떨어지는 법이 없는 반면, 임금 상승률은 더디다. 많은 직장인들이 월급만으로는 한 달을 살아내기에도 빠듯한 형편이다. 가정이 있는 경우라면 저축은커녕 한 달 생활하는 데도 부족한 게 현실이라 직장과 병행할 수 있는 제2의 직업, 투잡을 찾는 사람들도 점차 늘어나고 있다. 어쩌면 평생직장의 개념이 사라진 만큼 1인 1직업의 개념도 사라지고 있는지 모른다.

내게 고시원 창업을 문의하는 사람들은 대부분 직장을 다니면서 병행할 수 있는 사업을 찾기 위해 오는 것이다. 고시원 운영은 일하는 시간이 자유롭고 오토 시스템이 가능해서 투잡에 도전하고 싶어 하는 것이다. 이 사람들은 직장도 다니고 매월 부수입으로 추가 파이프라인을 만들어 고정 수입이 생기길 원한다. 그럼 고시원 운영이 어떤 이유에서 고정 수입을 올릴 수 있는 방안이 되는지 살펴보도록 하자.

무늬만 투잡러인지, 실전으로 뛰어들 투잡러인지

직장에 다니면서 고시원을 운영할 수 있을까? 이 궁금증에 대한 답변으로 나는 '충분히 가능하다'라고 말할 수 있다. 그러나 부잡으로 생각하는 사람마다 범위와 환경은 분명히 다르기 때문에 자신의 상황이 적합한지를 먼저 알고 접근하는 것이 가장 중요하다. 말 그대로 '투잡'이다. 두 개의 직업을 가진다는 의미로 보는 게 맞다.

예를 들어 A라는 사람이 직장을 다니며 고시원을 투잡으로 생각하고 창업을 생각하는 상황이다. 우선 A의 현실을 살펴보자. 직장에 다니면서 전화를 수시로 받을 수 없다거나 평일에 퇴근 후 고시원을 방문할 수 없고 주말에만 가볼 수 있는 상황이라면, 이것은 무늬만 투잡일 뿐 임대업으로 더 큰 비중을 보고 접근한다고 보는 것이 맞을 것이다.

실제 이런 경우라면 방을 알아보는 입실 문의가 와도 전화를 받을 수 없으니 무조건 총무를 고용할 수밖에 없다. 총무를 두는 것이 나쁘다는 것은 아니다. 하지만 큰 자금을 들여 창업을 했는데 내가 아는 것이 없이 타인에게 일을 바로 맡긴다면, 그 일이 얼마나 효율성이 있겠는지를 따져봐야 한다. 아무리 돈을 지불하고 사람을 고용한다고 한들 100% 내 것처럼 봐주는 사람은 없을 것이라는 말이다. 거기에 전화까지 총무가 직접 받아 응대까지 해야 하는 상황이라면, 운영자만큼의 친절함과 상세한 설명을 기대하기도 힘들어진다.

총무는 고작 방 가격이나 고시원의 위치, 방 안내 같은 단순하고 어찌 보면 기계적인 업무 정도만 담당할 수 있다. 물론 이런 방식으로 운영하는 고시원도 얼마든지 있지만, 이때는 총무가 고시원 운영의 큰 변수가 된다는 점을 알고 시작해야 한다. 주변 고시원 원장들의 이야기를 들어보면, 총무의 역할에 따라 잘 운영되는 경우도 있지만 총무가 속을 썩이는 경우도 많고 갑자기 총무가 그만두는 상황이 오는 등 변수가 많아서 힘들어하는 경우도 많이 봤다.

본업이 자유롭다면 적극 추진하자

똑같은 투잡러지만 B라는 사람은 A와 사정이 다르다. B는 본업이 자유로운 편이어서 전화가 왔을 때 언제든지 받을 수 있고 평일에도 시간을 내면 퇴근 후라도 언제든지 고시원에 잠시 들를 짬이 있다. 이런 경우라면 직장인 투잡으로 적극 추천한다. 앞서 설명한 것처럼 투잡으로 본업과 고시원을 6대 4, 적어도 7대 3 정도의 비중을 가지고 병행할 수 있다. 즉, 고시원을 추가 파이프라인을 만들기 위한 직업으로 생각할 수 있는 것이다.

이런 경우라면 처음 창업하고 두 달 정도 본인이 직접 매달리면 고시원 운영하는 일을 충분히 익힐 수 있고 내부적으로 돌아가는 상황도 금방 파악할 수 있다. 처음에 고시원 원내에서 원장이 자주 얼굴을 비추면 살고 있는 입실자도 누가 원장인지 알아보고 자연스럽게 안면을 트게 되고, 고시원 생활을 하는 사람들과 대화하면서 불편한 사항을 개선하거나 좋은 점들을 더 반영할 수 있는 좋은 기회가 될 수 있다. 서로 금방 자연스럽게 적응할 수 있는 것이다. 이런 시간을 거친 후에 다음 수익률은 좀 떨어질 수 있어도 시간을 좀 더 활용하기 위해 총무를 고용한다거나 청소 용역을 이용하면 원내에 직접 나가지 않고도 효율적으로 운영을 할 수 있는 투잡이라는 개념이 완성된다.

본인의 상황을 고려하자

앞에서 살펴보았듯, A와 B의 경우 모두 고시원 운영이라는 투잡은 가능하지만 자신이 어떻게 시스템을 만들고 파악하는지에 따라 상황은 다르게 전개될 수 있으니 자신의 여건과 상황을 고려해서 판단하는 게 좋다. 다시 한번 강조하지만, 고시원 창업만 시작하면 저절로 투잡이 될 것이라고 생각한다면 큰 오산이다.

성급하고 조급하게 시작하는 사업은 위험하다. 자칫 잘못 운영하면 결국 건물주만 좋은 일을 시키는 꼴이 될 수 있다. 우리는 투자 금액 대비 30%의 수익률을 바라보고 고시원 사업을 생각한다. 내가 아무것도 하지 않고 투자 금액만을 통해서 임대 사업과 같이 고정 수입을 원한다면 1억 원 투자해서 매달 40만 원, 2억 원 투자해서 매달 100만 원 받는 오피스텔 투자를 하는 게 맞을 것이다.

반면에 고시원 사업을 결정했다면 분명히 그 이상의 수익을 생각하고 진입하지 않았겠는가. 나의 시간과 노력은 들이지 않고 높은 수익률만 바란다면 그 자체가 말이 되지 않는다. 이렇게 운영한다면 그 어떤 사업도 당연히 잘되지 않을 것이다. 경제적인 자유와 시간적인 자유를 갖는다는 것은 그 자유를 얻기까지 본인의 열정과 노력이 반드시 들어가야 성취할 수 있는 일이다.

3장

막막한
고시원 창업의
문을 열다

고시원 창업은
어떻게 하나요?

고시원은 특수물건이다

고시원에 관심이 있어서 나를 찾아오는 사람들이 첫 번째로 묻고 가장 많이 묻는 질문은 고시원 창업 방법이다. "고시원 창업은 어떻게 하나요?"라는 질문이 가장 많다. 요즘 같은 정보화 시대에 인터넷 검색만 하면 알고 싶은 정보가 나온다 하더라도 고시원 창업에 대해서는 본인이 원하는 정확한 정보를 얻기란 쉽지 않다. 특히 고시원은 특수물건으로 일반 부동산 사무소에서 매물을 취급하는 것이 아니라, 고시원만 소개하는 전문 부동산 사무소들이 따로 있기 때문에 초보자들이 쉽게 접근하기 힘든 점이 있다. 일반 매물처럼 생각하고 쉽게 진입하는 임대 물건은 아니라고 생각하고 창업을 고려하면 좋겠다.

신축 시작 vs 인수 시작

고시원을 창업하려면 어떻게 해야 할까? 여기서는 크게 2가지 방법으로 나눠서 설명하겠다. 첫 번째는 신축(+시설)하는 방법이고, 두 번째는 기존 고시원을 인수(+인테리어)하는 방법이다.

고시원 창업을 하고자 하는 사람들은 처음에는 깨끗한 시설로 시작하고 싶어 신축을 염두에 두고 창업을 꿈꾼다. 그러나 현실적으로 신축의 경우는 건물을 보유한 건물주가 직접 시설을 지어 신축하는 창업 방법 외에는 없다. 당연히 건물이 있어야 가능한 형태이므로 진입 장벽이 그만큼 높다. 그렇다고 건물이 없다면 신축이 불가능한 것인가? 그렇지는 않다. 기존의 고시원을 인수받아 낡은 시설을 철거하고 새롭게 시설하여 꾸민다면 신축의 효과를 충분히 내면서 고시원을 창업하는 게 얼마든지 가능하다.

이때 한 가지 참고해야 할 사항은 서울시 건축조례 개정에 따라 2022년 7월부터 새로 짓거나 증축되는 모든 고시원은 방마다 창문을 의무로 설치해야 한다는 점이다. 조례에 따라 개별 방의 면적은 전용면적 7제곱미터(화장실 포함 시 9제곱미터 이상)를 확보하고, 창문은 유효 폭 0.5m × 유효 폭 높이 1m 이상 크기로 실외와 접해야 한다. 그만큼 신축과 증축에 대한 기준이 강화되면서 제약사항이 높아졌다(건축법에 따른 신축의 경우 조례 개정에 따른다).

순수 공사 비용만 계산해도 평당 300만 원 정도(2021년 기준)의 견적이 나온다. 100평 기준의 고시원을 인수하여 시설 공사를 한다면 공사비만도 최소 3억 원이 들어간다는 이야기다. 여기에 더해 방 개수대로 필요한 물품과 공용 공간에 들어갈 필수 물품을 채운다면 매우 큰 자금이 투입되어야 한다. 그러므로 신축을 하거나 시설 리모델링을 하려고 마음먹을 때는 자신의 자금 여력을 충분히 살피고 시작해야 한다.

시설을 새것으로 교체하는 경우에는 분명한 장점이 있다. 새것이기 때문에 방을 채우기도 매우 수월하고 운영 후 시설에 손댈 것이 없어 이후에 추가 자금이 들어갈 여지가 줄어든다. 그만큼 관리도 편해져서 운영자 입장에서도 이익이다. 다만 내 건물이 아니라면 상가건물임대차보호법을 적용받는 최장 10년 기간까지 최대한 운영해서 투자한 금액 이상을 회수하는 것까지 가능하다고 판단될 때 시설을 하는 것이 바람직하다고 본다.

기존 고시원을 인수하여 운영할 경우에는 임대 보증금과 기존의 운영 원장에게 지불하는 권리금이 필요하다. 신축이 아니라 기존 고시원 시설을 인테리어하여 운영하는 방법이다. 보통 2년 정도 운영하면 투자한 권리금을 회수할 것으로 예상한다. 물론 매출에 따라 그 기간이 줄면 줄수록 황금 매물에 가까운 것이고, 운영에 따라 회수 기간이 더 걸리는 경우도 있다. 인수해서 운영할 시설이 오래된 곳이라면 부분 인테리어 정도까지는 하는 것이 방을 채우고 홍보 마케팅을 하는 데 도움이 된다.

고시원을 인수하여 창업할 때는 다음의 6단계 과정을 밟으면 된다. 신축과 인수의 접근 방법 자체가 다르고 시설과 인테리어 역시 마찬가지다. 자신의 자금과 상황에 맞게 창업을 준비하면 된다. 창업을 결심했다면 손품과 발품을 많이 팔아서 여러 매물을 보도록 하자. 좋은 매물이 나왔을 때 좋은 매물인지 구별할 줄 아는 것이 능력이고, 그것을 먼저 선점하는 것이 매우 중요하기 때문이다.

고시원 창업 6단계 과정

단계	항목
1단계	권리양도양수 계약서 작성(10% 계약금 입금)
	통상 계약 후 3~6주 안에 잔금 치르기(잔금 일자 협의 가능)
2단계	소방안전교육 이수증명서 발급
	한국소방안전원(www.kfsi.or.kr) 사이트 접속 → 다중이용업 → 소방안전교육(신규) 신청 / 무료 온라인 교육 이수 후 이수증명서 발급 → 프린트 가능
3단계	인수 고시원 관할 소방서 소방 점검 신청
	양도양수 계약서 + 소방안전교육 이수증명서 * 다중이용업소 화재배상책임보험 가입 필요(MU번호)
4단계	고시원 소방 점검 방문
	관할 소방서마다 방문 기간이 다르지만 보통 5~7일 안에 점검 (소방 점검 후 이상 없으면 안전시설등 완비증명서 발급)
5단계	임대차 계약서 작성
	주로 잔금일 당일, 건물주 일정에 맞춰서 정함. 권리금 잔금 처리 시 공과금 정산 및 인수인계 받음. 임대차 계약서는 건물주와 작성
6단계	사업자등록증 발급
	관할 세무서 방문해서 사업자등록증 신청 발급 (임대차 계약서, 안전시설등 완비증명서, 신분증 지참)

고시원 매물을 선택하는
3가지 기준

어떤 것을 중요하게 볼 것인가?

고시원을 인수하기 위해서 매물을 보는 분들이 내게 가장 많이 하는 질문은 어떤 것들을 중요하게 봐야 하고 따져야 하는지에 대한 것이다. 인수하려는 본인이 매물에 대한 판단 기준 없이 물건을 본다면 정작 중요한 것은 놓치고 중요하지 않은 것들에만 집중할 수 있으니, 기준을 세우는 일은 매우 중요하다.

내가 생각하는 3가지 기준만 염려에 두고 비교하면서 매물을 찾는다면 실패하는 일은 크게 줄일 수 있을 것이다.

거듭 강조해도 부족한 '입지'

내가 가장 첫 번째 기준으로 강조하는 것은 입지다. 부동산에서도 부동성을 이야기하듯 이미 위치해 있는 고시원 건물을 옮길 수는 없다. 입지를 중요한 요소로 보는 것은 교통편, 인프라, 유동 인구가 고시원 사업을 하는 데 우선적으로 중요하기 때문이다. 고시원은 물건을 파는 사업이 아니라 방을 임대하여 매달 월세를 받는 구조의 사업이므로 사람이 많은 곳에 자리를 잡아야 하는 게 당연하다. 극단적인 표현이지만 사람이 오가지도 않는 외딴 곳에 있는 고시원이라고 생각해보자. 첫 번째 조건으로 입지의 중요성은 거듭 강조해도 부족하지 않다.

큰 공사로 이어질 수도 있는 '시설'

두 번째 선택 기준은 시설이다. 시설이라고 해서 내부만 이야기하는 것이 아니라, 외부에서 보이는 건물 외관도 중요하다. 안에는 인테리어를 통해 새로운 모습으로 거듭날 수 있지만 외관까지 바꾸기는 어렵다. 입주자들이 방을 보러 오게 되면 고시원 내부 모습을 보기 전에 건물 외관을 먼저 보게 된다. 준공된 지 40~50년 된 건물이라면 외관이 주는 노후화된 느낌은 물론이고 배관 노후도까지 고려해서 인수를 생각해두자.

고시원에서는 많은 사람들이 공용 주방, 샤워실, 화장실, 세탁실에서 하루 종일 배관으로 하수가 흐른다. 오래된 건물이라면 하수관이나 배수관이 좁게 설계되어 있을 수 있어 금방 막히고 역류하는 현상이 생기기 쉽다. 하수관 및 배수관 문제가 잦으면 고시원을 운영하는 데 무척 번거로워지고 전문가가 아니면 처리하기도 어렵기 때문에 원장의 피로도가 높아질 뿐 아니라 자칫 큰 공사로 이어질 수 있다는 점을 고려해야 한다.

안정된 운영을 위한 '방 크기'

세 번째 기준은 방 크기다. 고시원의 방들은 보편적으로 2평 정도지만 방마다 구조가 다를 수 있고 천장 높이도 다를 수 있다. 예를 들어 한 달만 살겠다고 들어온 입실자가 방이 크면 장기로 거주할 수 있는 확률이 높지만, 방이 작을 경우에는 오래 살려고 마음먹고 들어왔어도 얼마 지내지 않고 퇴실로 이어지기 쉽다. 방 크기와 더불어 천장의 높이도 같이 살펴보기를 권한다. 방 크기가 똑같아도 천장이 높으면 공간이 훨씬 넓다는 느낌을 줄 수 있으므로, 매물을 살펴볼 때 천장의 높이도 꼭 확인하는 게 좋다. 장기 거주자가 많아야 안정된 고시원 운영이 가능하다는 점을 기억하자.

현실적인 실천 영역을 파악하자

고시원 매물을 선택할 때 3가지 기준을 제시했지만, 3가지 기준 외에도 고려해야 할 점들은 얼마든지 있다. 매달 건물주에게 지불하는 임대료를 따져봐야 할 수도 있다. 올원룸형 고시원인지, 아니면 혼합형이어도 원룸 비중이 높은지, 선택 지역의 주변 방 가격들은 어느 정도에 형성되어 있는지 등 추가로 고려해야 할 사항들이 있지만, 선택 기준을 3가지로 추린 데는 그만한 이유가 있다. 이 3가지 기준은 내가 직접 바꾸기가 힘들다는 점이다.

이처럼 매물을 볼 때는 분명한 기준을 가지고 보는 것이 중요하다. 고시원 시장에 진입하기 위한 예비창업자들이 보유하고 창업하기 위해 생각하는 금액대는 1억 원 초반이 가장 많다. 그 금액이 보증금과 권리금을 합산한 총 투자 금액이기에 매물의 특징도 비슷하다. 입지 좋고 시설이 좋고 방도 크다면 거기에 합당한 금액이 필요한데, 고시원을 인수하기 위해 알아보다 보면 나에게 100% 맞는 매물을 찾기란 정말 쉽지 않다. 따라서 앞서 제시한 3가지 기준을 염두에 두고 내가 보수 또는 보완을 할 수 있다고 판단되면, 그 부분을 내가 직접 처리하여 운영하기를 권한다. 자신이 현실적으로 실천할 수 있는 부분을 정하고 접근하는 것이 창업에서 좀 더 빠른 결실을 얻을 수 있는 길이 된다.

돈을 잃지 않는
필수 특약사항

계약서만이 나를 지키는 힘이다

고시원을 인수할 때 작성하는 특약사항은 여러 번 강조해도
부족할 만큼 매우 중요하다. 시설물의 하자로 운영에 막대한 피
해가 발생할 때 그 일을 처리할 수 있는 전임 원장과의 유일한
연결고리가 계약서에 명시된 특약사항뿐이기 때문이다. 인수하
려는 고시원 시설을 가장 잘 아는 사람은 전 운영 원장밖에는 없
다. 건물주도 건물만 임대할 뿐 시설물의 상태를 더 잘 파악할
수 없을뿐더러 중개하는 부동산 사무소 역시 전 원장의 이야기
만 들을 뿐 전 원장이 설명해주지 않으면 모르는 것은 마찬가지
다. 그러니 인수자가 어떻게 그 사항을 알 수 있겠는가. 어떤 점
을 중요한 특약사항으로 계약서에 기재해야 하는지 알아보자.

권리양도양수 계약서 작성 시 필요한 특약사항

반드시 포함해야 하는 '안전시설등 완비증명서'

고시원을 운영하기 위해서는 반드시 안전시설등 완비증명서가 나와야 한다. 운전을 하기 위해 운전면허증이 있어야 하는 것과 같다. 안전시설등 완비증명서가 나오지 않으면 영업을 할 수 없기 때문에 반드시 특약사항에 첫 번째로 기재되어야 한다. 안전시설등 완비증명서가 발급되지 않는 경우, 계약은 무효로 하고 계약금은 양수인에게 즉시 반환하며, 단순한 지적사항 또는 보완사항이 발생하는 경우에는 양도인 측에서 책임지고 처리하도록 한다. 증명서를 받기 위해 소방서에서 점검을 받을 때 지적사항이 나오는 경우는 비일비재하다. 예를 들어 소화기 사용기한이 지났거나, 비상구 앞에 적재물이 있어서 치워야 한다거나, 손전등 건전지가 없어 교체를 하라거나, 방 안에서 화재감지기 등을 점검해야 한다. 그중에서 소방서에서 스프링클러, 헤드, 배터리, 게이지 압력 등을 가장 예민하고 세세하게 점검한다.

법적 분쟁까지 갈 수 있는 '누수 특약'

누수 특약도 필수로 기재해야 한다. 인수 후 발생할 수 있는 문제 때문에 법적 분쟁으로까지 진행되기도 한다. 누수 관련 사항은 해당 건물의 건물주도 알 수 없고, 중개사는 물론 양수인 역시 알 수 없다. 문제가 있었다면 운영 중인 양도인만이 파악할 수 있지만, 양도하는 입장에서 팔기 위해 알려주지 않는 경우도 있다. 따라서 누수 문제는 반드시 특약사항에 넣어야 한다. 혹여 문제가 발생할까 봐 양도인 측에서는 이 부분을 처리해야 하기 때문에 기간을 짧게 잡기를 원하고, 양수인 측에서는 불안하니까 길게 잡기를 원할 것이다. 양도양수를 하기 위해 서로 인정하는 기간은 통상 한 달로 상호 협의하여 계약서에 작성한다.

결국 건물주에게 결정권이 있는 '임대 조건'

임대 조건(보증금과 월세) 변경 시 계약은 무효로 한다는 조항은 반드시 넣는다. 부동산 사무소에 따라 특약사항을 넣을 때 5%까지 임대료 인상 시 양수인 측에서 결정하도록 한다는 조항을 넣기도 한다. 실제 인수 계약을 마치고 소방 점검까지 문제없이 받고 안전시설등 완비증명서가 나왔는데도, 건물주가 임대차 계약의 임대 조건을 변경하는 바람에 계약이 취소되는 경우가 종종 있다. 임차해서 고시원을 운영하고 있던 원장이 이런저런 사정으로 고시원을 내놓아야 하는데, 기존 임대 조건과 동일하게 해달라고 부탁한다고 해도 임대료 조건을 결정하는 것은 결국 건물주다. 새로운 임차인이 바뀔 시점에 임대료를 올려야 하는 상한제도는 없다. 건물주 입장에서 새로운 임차인이 들어오면 기존 임대료보다 더 받고 싶은 것은 어찌 보면 당연한 노릇일 수도 있다. 하지만 양수인 입장에서는 동일한 임대 조건으로 인수하고 싶을 것이다. 이런 경우, 임대료 5% 인상 시 양수인이 계약 진행 여부를 결정한다. 만약 임대료가 10% 인상되었다면 계약 취소가 맞지만, 양도인은 팔기를 원하고 양수인은 매물의 입지 등이 마음에 들어 운영하길 원한다면 추가 인상된 임대료 5%에 대한 1년치 금액을 권리금에서 조정하고 계약을 체결하는 방법도 있다.

그 외적인 것들로는 현재 운영 중인 집기들을 외부로 반출할 수 없고, 인터넷 TV, CCTV, 정수기 등 렌탈 제품도 명의 변경으로 승계한다는 조항이 들어갈 수 있다. 다른 비용들은 크지 않지만 양도 몇 달 전에 새로 인터넷 업체를 변경하는 것까지는 괜찮지만 월 비용이 과하게 나온다면 확인해봐야 할 부분이다. 이 점은 특히 미리 확인해야 한다.

방 개수에 대한 특약도 필수적이다

그다음으로 인수 계약 때와 잔금 처리하는 날 달라지는 방 개수에 대해 특약을 작성하는 것이다. 이 부분은 단순하게 인수하는 사람은 30실이 차 있는 줄 알았는데 잔금 때 보니 25실만 차 있다는 식의 이야기만은 아니다. 인수할 때 전달받은 방의 개수가 30실이라고 알고 계약했는데, 실제 잔금을 치르며 인수인계 받을 때 설명을 들어보니, 1실은 사무실, 1실은 총무실, 2실은 창고로 사용 중이어서 실제로는 26실만 운영할 수 있다면 어떠하겠는가? 인수받는 입장에서는 이해할 수 없는 것이다. 30실로 계산하여 만실일 때 수익 구조를 따져봤을 것이 아닌가. 그래서 인수 때부터 실제 운영 가능한 총 방 개수를 파악하고 계약서 특약사항에도 실제 방 개수를 작성해야 하는 것이다. 방을 임대하여 운영할 수 있는 실제 방 개수 말이다.

30실 중에 사무실을 제외하고 29실이라면 인정할 수 있지만, 물론 이 역시도 인수 계약 시 당연히 설명을 들어야 하는 부분이다. 29실 중에 창고로 사용하는 2실이 어떻게 방 개수에 포함되는가? 그럼 그 방은 창고용으로 사람이 거주할 수 있는 상태가 아니기 때문에 방을 다시 세팅하는 비용이 추가되는 데다 현재는 짐으로 가득 차 있기 때문에 짐을 치우는 것 역시 큰일이 된다. 따라서 실제 운영 가능한 방 개수를 반드시 파악하여 특약에 기재하는 것을 잊지 말자.

방 입실자가 인수 때와 잔금일 날 너무 많이 달라지는 경우가 있다. 이 점은 현재 입실해 있는 상황을 확인해서 특약에 넣고 상호 조율하여 잔금 때 차 있는 방을 기준으로 해서 몇 개 이상 비어 있는 경우에 상호 인정할 수 있는 협의 조건을 포함시키는 게 좋은 방법이 될 것이다. 잔금일까지 보통 한 달 정도인데, 방

1~2실은 빠질 수도 있고 채워질 수도 있으니 이 정도는 문제 없다고 보는 것이 맞다.

특약에 책임 소재도 있다

이렇듯 계약의 특약사항은 서로 양도양수하는 조건에 부합해야 하는 아주 중요한 사항으로, 돈의 문제일 뿐만 아니라 영업을 시작하면서 예상하지 못한 일이 발생할 때 그 책임 소재가 누구에게 있는지를 명확하게 구분할 수 있게 해주기 때문에 계약서에서 빠져서는 안 된다. 시설물을 임대하여 사용하는 임차인 입장에서 시설물 하자 문제가 발생한다면 매끄럽게 운영할 수 없기 때문에, 이런 문제가 발생했다면 빠르게 처리하고 다시 정상 운영할 수 있도록 법적인 조치와 조건을 기재하는 것이 특약사항이다. 따라서 특약사항을 놓치지 말고 스스로 먼저 잘 챙겨야 한다.

창업 비용은
얼마나 드나요?

인수해서 창업하는 방법이 가장 빠르다

창업을 시작할 때 가장 궁금한 것은 아마 비용일 것이다. 고시원 사업을 시작하려는 사람들이 가장 많이 묻는 질문이다. 앞서 창업 방법에서 언급했듯이, 신축과 인수의 2가지 방법이 있고 그 비용은 차이가 난다. 100평 기준으로 신축으로 창업을 한다면 공사 비용만 3억 원 이상이 투자 금액으로 필요하다. 처음 사업을 시작하려는 사람들이 신축으로 창업하기는 어렵다. 따라서 기존에 운영 중인 고시원을 인수해서 창업하는 방법을 기준으로 비용이 얼마나 드는지 설명하려고 한다.

고시원마다 동일하지 않은 보증금

고시원 인수 창업은 건물주에게 건물을 임대하여 사용하는 것이므로 건물 임대차 계약을 위한 임대 보증금이 필요하다. 임대 보증금은 건물이 있는 지역 위치, 평수(면적), 주변 시세, 건물주에 따라 차이가 난다.

내가 두 번째로 인수한 고시원은 2층, 3층, 4층으로 총 면적이 136평이고 보증금은 5,000만 원이다. 임대할 건물의 건축물대장을 확인해보면 면적을 알 수 있는데, 한 층으로 되어 있는 고시원도 있고 두 개 층 이상으로 나뉜 고시원도 있다. 대부분 시설의 면적이 100평이 좀 넘을 텐데, 지역에 따라 다르겠지만 보통 5,000만~7,000만 원 정도를 보증금으로 생각하면 된다.

다만 모든 고시원의 보증금이 동일하지 않다. 어느 건물주는 보증금을 1억 원을 받고 월 임대료를 시세보다 조금 낮게 받는 경우도 있지만, 보증금이 1억 원이라고 해도 임대료가 주변 시세에 비해 저렴하지 않는 경우도 있으니 참고하자.

정해진 금액이 따로 없는 권리금

건물 보증금에 이어서 필요한 비용이 바로 권리금이다. 권리금이라고 하는 것은 운영 중인 원장이 새로 양수할 사람에게 받고자 하는 희망 금액으로, 시설에 대한 권리금과 운영에 대한 권리금을 말하는 것이다.

예를 들어 처음 고시원이 아니던 자리에 본인이 최초 시설을 하여 만들었다면 시설에 대한 권리금을 주장할 것이고, 최초 시설을 하지 않고 인수하여 운영하고 있던 원장이라고 할지라도 매월 순수익에 대한 운영 권리금을 주장하게 되는 것이다. 권리금은 양도할 운영자가 희망하고 주장하는 금액이어서 정해진 금액이 따로 없다. 인수하는 사람이 시장에 내놓은 금액에 대비해 현재 시설과 운영 수익을 확인해보고 적정한 권리금인지를 잘 판단하고 들어가야 한다.

컨설팅을 진행하다 보면 무권리 고시원만 찾는 사람이 있다. 보증금의 경우 건물주에게 임대 보증금을 100% 돌려받을 수 있지만, 권리금은 돌려받기가 불확실하다고 생각하기 때문이다. 만약 무권리 고시원을 인수한다고 가정할 경우 보증금이 5,000만 원이고 권리금은 없기 때문에 고시원 창업 비용은 총 5,000만 원이 되는 것이다.

돌다리도 두드려야 하는 무권리 고시원

여기서 한번 생각을 해보자. 무권리 고시원이 어떻게 가능할까? 왜 무권리로 고시원을 내놓은 것일까? 여러 사정이 있겠지만, 중개하는 부동산 사무소에서 가장 많이 듣는 말이 "원장님이 갑자기 건강이 안 좋아지서서 내놓았다"라는 것이다. 나는 솔직히 그 말을 절대 믿지 않는다. 사정이 급해서 갑자기 권리금이 떨어진 것도 아니고 권리금이 그냥 없을 수 있을까? 내가 만약 인수할 때 권리금을 주고 들어갔다고 치자. 그런데 그곳을 손해 보면서 무권리로 내놓고 싶은 사람은 아무도 없을 것이다. 장사가 잘되지 않아서 방이 절반 이상은 빠져 있지는 않을까? 아니면 건물주와 마찰이 있거나, 시설 문제를 비롯해 기타 의심해봐야 하는 다른 내부 사정이 있을 것이라고 생각한다.

단순히 운영을 잘 못해서 적자를 보고 있는 상황으로 판단했다면, 무권리 고시원을 인수해 시설을 보수하고 온라인 마케팅을 통해 그 수익을 극대화시키는 방법도 있다. 단, 자신에게 그럴 만한 묘안이 있는지, 그럴 준비가 되어 있는지를 따져봐야 한다. 결심도 섰고 나름의 방법도 있다면 무권리 고시원도 긍정적으로 생각할 수 있다.

그런 준비가 되어 있지 않다면 권리금이 적절한 시세로 형성된 자리를 찾는 게 안전하다. 장사가 잘되어 매출이 높은 곳에서는 권리금만 1억 원 이상 부르기도 한다. 거기에 시설까지 받쳐준다면 2억 원 이상이 되는 고시원도 여러 곳이 있다. 너무 싼 것만 찾아 들어가려다 몸도 마음도 심하게 고생할 수도 있으니 싼 것만 고집하지 말고 내 가용금액에 맞는 '보증금+권리금'을 총 창업 비용에 맞춰 장사가 잘되는 고시원을 찾도록 하자.

2021년과 달리 고시원 시장의 달라진 점은 다음과 같다. 우선 2022년 5월 기준으로 코로나19로 인한 사회적 거리두기가 끝나면서 매물의 권리금이 평균 3,000만 원 이상 올랐다. 전부터 운영 중이던 원장들은 코로나19 펜데믹을 겪으며 힘든 날들을 버티고 운영을 한 사람들이고, 이제 진입하려는 예비창업자들은 시장에 리스크가 줄어든 것을 판단하고 들어오는 것이다. 서로의 입장이 다르기 때문에 매물 입지, 수익 구조 및 시설 컨디션 등을 체크해 고시원 원장 측에서 주장하는 권리금이 합당한지 판단하는 것은 결국 본인의 몫이 된다.

수익률은 어떻게
계산하나요?

"이것저것 다 제하고도 40~50%의 수익을 원해요"

내게 고시원 창업 컨설팅을 받으러왔던 40대 후반 여성 고객이 있었는데, 투자금은 1억 원이고 기대 수익은 월 400만~500만 원이라고 했다. 고시원에 관심이 있어서 블로그나 유튜브를 많이 찾아봤는데, 이 정도의 수익은 가능하다는 이야기를 공통적으로 들었다고 했다. 그 희망을 꺾고 싶지는 않았지만 나의 솔직한 대답은 '어렵다'였다. 이유는 그 고객의 상황 때문이었다. 그 고객은 고시원을 운영하더라도 남편과 아이를 돌볼 시간을 제외한 시간에만 일할 수 있었고, 총무를 쓰고 외주 청소 용역을 이용한 상태에서 그 정도의 수익을 기대하고 있었다.

고시원 사업의 수익률은 연 30%로 많이 알려져 있는데, 이 수

치는 분명 높은 수익률이다. 그렇다면 현재 이런 수익을 내고 있는 고시원 원장들은 처음부터 이 수익률을 올릴 수 있었을까? 절대 아닐 것이다. 만약 50대 원장이라면, 고시원을 시작했던 당시는 오늘날과 같은 인터넷 검색 광고를 하는 시대는 아니었겠지만 시산을 내서 그 시대에 적절한 광고 마케팅 방법을 공부했을 것이다. 지출을 줄이고 수익률을 올리기 위해 도배, 장판 등 간단한 작업은 직접 하고 청소 역시 외주에 맡기지 않고 본인이 직접 하며 시설을 깨끗하게 관리했을 것이다. 또한 운영 고시원의 특별한 전략을 갖추기 위해 항상 고민하고 도전했을 것이다. 나 역시도 비슷한 과정들을 거쳐왔기 때문에 이런 말을 자신 있게 할 수 있는 것이다.

높은 수익률을 내기 위해서는 거기에 걸맞은 노력이 따라야 한다. 나는 고시원의 수익률을 보수적으로 잡아 20%라고 이야기하거나 30%까지는 노력하면 누구나 가능하다는 말에 동의한다. 그러나 이 고객처럼 무지갯빛 전망만 가지고 고시원만 창업하면 1억 원 투자 시 월 500만 원의 수익이 무조건 가능하다고 믿는 말에는 전적으로 반대한다. 이 정도의 수익률이 나려면 특별한 요소 없이는 불가능하다. 아무리 좋은 요소가 있다 해도 수익 구조가 안 나오는 매물을 운영한다면 그것은 불가능하다.

수익률 계산 방법

그럼 고시원의 수익률을 정확히 계산하려면 어떻게 해야 할까? 먼저 고시원의 수익률을 계산하기 위해서는 수익 구조인 방의 유형을 먼저 이해해야 한다. 방 유형마다 받을 수 있는 금액이 다르기 때문이다. 고시원의 방은 올원룸, 올샤워룸, 올미니룸으로 분류된다(2가지 형태가 섞여 있는 방은 혼합룸이다). 이 3가지 유형 중에 하나라도 화장실이 없는 룸이 있다면 그 고시원에는 공

고시원 방 유형

유형	사진	항목
올원룸		방 안에 화장실과 샤워 공간이 갖춰져 있는 유형이다. 벽 외부 공기가 들어올 수 있는 창문이 있으면 외창형이고 복도로 창문이 있으면 내창형이라고 한다.
올샤워룸		방 안에 세면대와 샤워 시설이 갖춰진 샤워룸이 있지만 변기는 없는 유형이다. 공용 화장실을 이용해야 한다.
올미니룸		방만 있는 유형으로 공용 샤워실과 공용 화장실을 이용해야 한다.

용 공간이 있다고 봐야 한다. 이처럼 편의성, 방 구조, 방 크기에 따라 고시원 입실료가 차이 난다.

이 세 가지 유형의 수익률을 계산하는 방법은 다음과 같다. (아래 설명은 관리비가 없는 경우다. 실제 관리비가 없는 곳도 있고, 분양상가에 있는 고시원의 경우는 수도 요금 포함 능으로 100만~180만 원 이상 관리비가 나오는 곳도 있다.)

올원룸 방 개수 38실의 경우(올원룸형 매물)

예를 들어 방 가격이 38만 원이라면 '38만 원 × 38실 = 1,444만 원(38실 100% 만실 기준)'이다. 평균 가격에 따라 월 순수익을 계산하는 방법은 '1,440만 원(매출) − 임대료(부가세 포함) − 공과금(전기 요금, 수도 요금, 도시가스 요금, 인터넷 및 전화 요금) − 운영비(광고비, 쌀, 라면, 김치 등) = 월 순수익'이다. 이때 매출은 100% 만실, 90%, 80% 등 입실 상황에 따라 변동된다.

원룸 20실 + 미니룸 18실의 경우(혼합형 매물)

원룸 방 가격과 미니룸 방 가격은 차이가 있다. 예를 들어 '원룸 38만 원 × 20실 + 미니룸 28만 원 × 18실 = 1,264만 원(만실 매출 기준)'이다. 위와 동일하게 임대료, 공과금, 운영비 지출을 빼면 되지만 매출이 다르기에 수익도 다르다.

미니룸 55실의 경우(올미니룸형 매물)

미니룸도 계산법은 동일하다. 만약 방 평균 가격이 28만 원이라면 '28만 원 × 55실 = 1,540만 원(55실 100% 만실 매출 기준)'이다.

각 유형별 장단점

단순 수익률을 기준으로 봤을 때는 방 개수가 많은 미니룸 형태의 고시원이 100% 만실을 기준으로 했을 때 수익률이 가장 높게 나타난다. 그러나 방 개수만큼 인원에 대한 관리가 더 필요하고 미니룸 유형인만큼 오래전에 지어진 고시원이기 때문에 시설의 노후도가 심해 감가상각비가 늘어나는 점은 감안해야 한다.

그다음으로 수익률이 높은 유형은 원룸형이다. 이 유형은 편의시설이 방에 모여 있어 가격을 높게 책정할 수 있는 이점이 있다. 또 공용 화장실이 없어 관리하기 아주 쉽고 입실자들이 가장 선호하는 타입이다. 다만 원룸형 유형의 경우는 미니룸보다 월 가격이 더 높아 저렴한 방만 찾는 대상자에게는 맞지 않다는 점이 있다.

마지막 유형은 원룸과 미니룸이 같이 있는 혼합형 고시원이다. 이 유형은 단순 수익률 측면에서는 낮지만 방 개수에 따라 다를 수 있다는 것을 알아두자. 혼합형의 경우는 비용에 따라 방을 안내하여 객실을 채울 수 있는 장점이 있다. 그러나 미니룸 유형처럼 공용 화장실이 있기 때문에 청소 용역을 이용할 경우 지출이 발생하고 이는 고스란히 수익률의 감소로 이어진다는 점을 염두에 두고 수익률을 따져봐야 한다.

원룸, 샤워룸, 미니룸,
혼합룸이란?

금액에 맞는 매물을 선택하자!

고시원 매물을 보기 시작하면 올원룸형, 올미니룸형, 혼합형, 드물기는 하지만 올샤워룸형을 임장하게 된다. 이 중에 가장 인기 높은 유형은 올원룸형이다. 창업하려는 사람도 방을 찾는 사람도 이 유형을 가장 선호한다.

자금 여력이 되어서 많은 자금을 가용할 수 있다면 올원룸형을 당연히 추천하겠지만, 본인의 상황에 맞게 매물을 찾아야 한다. 본인이 고려하는 일정 정도의 기준이 있을 것이며, 그 기준은 사람마다 모두 다를 수 있다. 예를 들어 내가 살고 있는 집에서 가까운 거리를 먼저 생각하는 경우도 있고, 건물주에게 지불하는 임대료(월세)가 얼마 이상이면 안 된다거나, 인수 당시 방은

80% 이상 차 있어야 한다거나, 방은 많이 빠져 있어도 괜찮지만 권리금이 높지 않아야 한다 등의 기준이 있다. 이렇듯 각자 중점을 두는 기준이 다를 수는 있지만, 대표적인 매물을 보는 선택 기준은 다음과 같다.

사업에 가장 중요한 요소는 입지다

나는 앞에서 고시원 선택의 첫 번째 기준으로 입지를 강조했다. 고시원은 무엇보다 사람이 거주하고 사는 공간이므로 유동성이 좋아야 한다. 지하철 역세권에 있어서 도보로 이동이 가능한 위치면 아주 좋다. 하나의 노선뿐만 아니라 더블 역세권이어서 이동 수단이 편리하고 버스 정류장 등도 인접해 있다면 플러스 요인이 된다.

고시원을 선택할 때 많은 사람들이 묻는 질문이 방의 유형에 따른 장단점이다. 만약 보증금과 권리금이 높아 올원룸형을 선택할 수 없다면, 혼합형을 고려하고 혼합형 중에서 원룸의 비중이 높은 것을 선택하도록 하자. 방이 40실인데 원룸이 10실, 미니룸이 30실이라면 미니룸으로 봐야 할 것이다. 혼합형의 경우 원룸의 비중이 최소한 50%가 되어야 하고, 50% 이상 되는 매물을 추천한다. 이 경우에는 원룸을 먼저 채우고, 비용 몇만 원 차이 때문에 입실을 주저하는 고객에게 미니룸을 안내하여 방을 채울 여지가 있어 좋다.

방의 유형 못지않게 고려해야 할 요소는 방 크기다. 방은 1.8~2평 정도(약 6.6제곱미터) 크기로 생각하는 것이 보편적이다. 같은 크기의 방이라도 층고가 높으면 조금 더 큰 느낌을 주기는 하지만, 방이 이 크기보다 작다면 고객이 살면서 짐이 늘어나면 좁다고 느낄 수밖에 없어 퇴실하는 경우가 생긴다. 결국 오래 머무르지 않는 것이다.

샘플 방은 본인이 선택하라

인수(매매)하기 위해 임장을 가면 방을 본다. 여기서 생각을 해 보자. 내가 고시원을 내놓는 입장이라면 어떤 방을 보여주겠는 가? 인수 희망자에게 좋은 곳이라는 느낌을 줘야 하기 때문에 빈 방 중에 가장 좋고 큰 방을 보여준다. 따라서 내가 열어서 보는 방이 이 고시원에 가장 괜찮은 방이라고 생각하면 된다.

"빈방이 몇 개나 있어요?"라고 물었을 때, 운영 원장은 빈방이 6~7실이 있어도 보통 2~3개 방 이상은 잘 보여주지 않는다. 다른 방도 비슷하거나 똑같다는 이야기를 듣게 될 텐데, 가능한 내 눈으로 빈방을 다 확인하면 좋다. 방이 크다는 것은 결국 오래 머물 수 있는 이유 중 하나이며 가격도 더 받을 수 있는 조건이 되기 때문이다.

원룸 방에 방 크기까지 크면 당연히 사는 사람의 만족도는 올라간다. 만약 원룸이 2평이고 미니룸이 3평에 창문까지 있다면 미니룸도 메리트가 있는 곳이라고 생각해도 된다.

100% 마음에 드는 매물은 없다

직접 임장을 다니다 보면 100% 내 마음에 드는 매물은 없다는 것을 알게 된다. A, B가 마음에 들면 여기는 C가 마음에 들지 않고, 이 매물은 B, C는 마음에 드는데 A가 마음에 들지 않는다. 그렇게 매물만 보다가 창업을 하지 못하고 관심만 갖다가 끝나는 경우도 있고, 보다 보면 나에게 딱 맞는 매물이 있을 거라고 생각하면서 1년 이상 매물만 찾고 있는 손님도 실제로 있다.

대부분의 고시원은 지은 지 10년 이상 오래되었기 때문에 노후된 시설들을 많이 보게 될 수도 있다. 고시원 매물을 볼 때 선택 기준을 이렇게 정리해보자. 내가 바꿀 수 있는 것과 없는 것으로 나누는 것이다. 입지는 내가 바꿀 수 있는 것인가? 없다. 그렇기 때문에 바꾸기 어려운 입지가 중요하다고 거듭 강조하는 것이다.

화장실이 없는 방에 일부 공사를 해서 변경한다는 것도 결코 쉬운 일이 아니다. 그래서 원룸 비중이 많아야 하다는 것이고, 방 크기 역시 마찬가지다. 시설이 노후된 것은 부분 인테리어를 통해 충분히 바꿀 수 있는 것이고, 방 안에 오래된 옷장, 책상 등 역시 들어내서 이 방에 살고 싶도록 새로 갖출 수 있는 것이다. 3가지 점을 반드시 기억하고 매물 선택 기준을 정하고 수익 구조가 좋은 매물을 선택하도록 하자.

선호도 높은
상권은 따로 있다

정장에 넥타이한 사람만 고시원 수요층이 아니다

선호도가 높은 상권은 결국 장사가 잘되는 상권(지역)을 말하는 것이다. 고시원은 주거할 수 있는 방을 찾는 사람이 이용하는 곳이며, 출장, 일일 용역, 공부를 위해 단기로 머물 수 있는 곳이다. 따라서 고시원에서 좋은 입지란 무엇보다 유동 인구가 많은 지역이다. 주변에 회사, 병원, 대형 시장 같은 상권이 형성된 곳, 그리고 외국인 노동자들까지 포함해서 수요가 많은 곳이 선호도가 높은 상권이 된다. 모든 상권이 그렇듯 고시원 역시 지방보다는 서울이나 수도권 지역이 선호되는 것은 맞다. 서울이 인구수도 월등히 높고 인구밀도도 높기 때문이다. 그러나 서울에서도 행정구역마다 인구수는 차이가 난다.

월간 검색 수를 통해 지역의 수요를 엿볼 수 있다

유동 인구만 많다면 선호도가 높은 상권으로 장사가 잘된다고 봐야 할까? 물론 운영하는 고시원 주위로 많은 사람들이 오간다면 방을 찾는 수요층이 늘 수 있어 유리할 수 있다. 하지만 우리에게는 1인 수요와 고시원을 찾는 사람들이 이 지역에 얼마나 되는지가 매우 중요하다. 그럼 고시원을 찾는 사람들이 얼마나 되는지 어떻게 알아볼 수 있을까?

바로 포털사이트 '네이버 월간 검색 수'를 통해 고시원을 찾는 수요가 얼마나 있는지, 어느 정도 월간 검색량이 나오는지 알아볼 수 있다. 네이버 사업주 광고 계정이 있어야 조회가 가능하며, 만약 사업주 계정이 없다면 '키워드매니저 앱'을 다운받아서 확인하면 된다. 네이버 검색 결과와 똑같은 검색 수를 확인할 수 있다. 월간 검색량은 매달 변동이 있다. 예전 고시원의 메카는 노량진이었다. 사람들은 현재 코로나19로 인해 노량진이 예전 같지 않아서 안 되는 고시원이 많을 거라는 이야기를 한다. 실제로 노량진뿐만 아니라 다른 지역도 장사가 안 되는 상황이다.

하지만 막연히 '잘 될 것이다, 안 될 것이다'라고 가늠하지 말고 실제로 검색량을 알아보자. 사람들이 '어디 고시원'과 같이 지역 검색을 한다는 것은 고시원에 살기 위해 알아보는 실제 검색량이기 때문에 해당 지역에 고시원을 찾는 수요를 이보다 더 정확하게 확인하기는 어려울 것이다.

지역별 키워드 검색 결과

연관 키워드	월간 검색 수		월평균 클릭 수		월평균 클릭률	
	PC	모바일	PC	모바일	PC	모바일
노량진고시원	1,590건	8,300건	46.7건	536.6건	3.12%	7.12%
홍대고시원	400건	1,430건	5.9건	154.2건	1.50%	11.74%
잠실고시원	100건	640건	1.3건	44건	1.34%	7.88%

* 2022년 2월 17일 네이버의 검색 결과 기준

출처: searchad.naver.com

검색 수는 매월 변동한다

먼저 '노량진고시원' 키워드 검색으로 조회수가 얼마나 나오는지 보도록 하자. 월간 검색 수는 PC와 모바일로 각각 확인할 수 있고, 키워드 '노량진고시원'으로 'PC 1,590건, 모바일 8,300건'의 조회수가 확인된다. 조회수가 많은 만큼 네이버 플레이스 지도 영역에 등록된 노량진고시원만 300건으로 확인되니 등록하지 않은 고시원이나 고시텔까지 고려해보면 실제 더 있을 것으로 예상된다.

키워드 '홍대고시원'으로는 'PC 400건, 모바일 1,430건'을 확인할 수 있으며, 키워드 '잠실고시원'으로는 'PC 100건, 모바일 640건'을 확인할 수 있다. 장사가 잘되고 안 되는 초점을 100% 검색 수에만 의존해서 판단하기에는 무리가 있겠지만, 선호도 높은 상권(지역)을 알아볼 때는 먼저 수요가 얼마나 되는지 확인해보고 상권을 정하는 데 기준을 세운다면 분명 도움이 된다.

가장 많은 첫 창업 희망 지역은 강남, 송파, 마포

예비 원장들이 보편적으로 많이 찾는 지역이 강남, 송파, 마포 지역이어서 대표적으로 세 지역의 월간 검색 수를 확인해봤다. 조회수가 많아 장사가 잘되는 곳으로 판단하기 때문이기도 하지만, 다른 방향을 생각하기에도 유리하기 때문일 것이다. 상권이 좋은 지역을 찾아 장사를 하다가 양도를 해야 하는 경우가 생길 수 있는데, 이럴 때 이렇게 선호도가 높은 지역에 있으면 되팔 때도 그만큼 해당 지역을 찾는 예비창업자가 많으니 매물을 보여주고 새로운 사람에게 운영하던 고시원을 넘기기도 수월하다는 장점도 있기 때문이다.

결국 선호도 높은 상권, 입지가 좋은 고시원은 주변 인프라가 갖춰져 있고 교통편이 편리해서 유동 인구가 많은 지역, 고시원, 고시텔을 찾는 검색 수가 많아 홍보해서 장사가 잘될 수 있는 지역, 사고 팔고(양도양수)를 생각해서 창업을 준비하는 예비 원장들이 많이 찾는 지역에서 찾을 수 있다. 서울에 이 3가지 요소를 충족할 수 있는 대표적인 장소는 강남, 송파, 마포 지역임을 참고하도록 하자.

사람들이 많이 찾는
상권의 단점

장점이 있으면 단점도 있는 법

모든 사업에는 장점과 단점이 반드시 있다. 고시원 사업을 하기 위해 매물의 시설 상태만 보는 것이 아니라 장사가 잘될 수 있는, 즉 인파가 많은 상권으로 가고 싶은 게 당연하다. 그럼 먼저 떠오르는 지역이 강남일 수 있다. 교통편이 좋고 주변에 회사가 많고 인프라가 그만큼 형성되어 있기 때문에 수요가 많을 것으로 예측하기 때문인데 선호도가 높은 만큼 강남 지역으로 컨설팅을 진행한 경험을 토대로 어떤 단점이 있는지 미리 파악해 보자.

선호도가 높으면 임대료도 높다

강남을 선호할 경우 크게 2가지 단점을 먼저 떠올릴 수 있다.

첫 번째는 비싼 임대료다. 강남 지역의 땅값이 비싸다는 것을 모르는 사람은 없다. 그 비싼 땅에 건물주가 고시원으로 지어 임대를 하는데 고시원이라고 해서 저렴할 리 없다. 2022년 3월 3일 기준으로 현재 컨설팅을 의뢰받아 진행하는 고시원이 강남구 역삼동에 위치해 있다. 지하 1층부터 지상 4층까지 사용할 수 있는 통 건물에 올원룸 38실이 있는 고시원이다. 역삼역에서 도보로 3분 거리에 있고 주택가 쪽에 위치해 있는 매물로 월 임대료는 부가세 포함 880만 원이다. 강남에서는 적어도 700만 원 이상의 임대료는 감안해 매물을 얻는다고 보는 것이 맞다.

다행히 컨설팅을 진행한 고시원 같은 경우는 임대할 때 고시원을 운영하다 종료한 상태여서 건물주가 일정 기간 임대료에서 100만 원을 차감해줬지만, 이런 경우는 아주 드문 일이고 좋은 건물주를 만난 것도 복이다. 다른 경우로 또 다른 지인이 강남역에서 도보로 10분 정도 떨어진 곳에 공동 투자를 하여 역시 통 건물 68실의 올원룸형 고시원을 인수했다. 이곳은 월 임대료가 1,100만 원에 부가세 별도로, 매달 임대료만 1,210만 원(부가세 포함)의 임대료가 발생하고 공과금과 운영비까지 포함하면 매달 1,600만 원 정도는 고정 비용으로 빠져나간다.

치열한 경쟁은 덤이다

　두 번째 단점은 경쟁이 치열하다는 것이다. 선호도가 높은 상권인 만큼 장사가 잘되니 고시원도 한두 곳이 아니다. 네이버에서 '강남고시원'으로 검색해보면 플레이스 영역에 등록한 고시원, 고시텔만 무려 300곳이 넘는다는 것을 확인할 수 있다. 역세권 주변 고시원부터 운영하는 곳마다 시설 상태와 방 가격이 다르고 마케팅 전략도 차별화되어 있을 것이다. 아마 이렇게 많은 고시원이 있다는 사실에 놀랐을 수 있다. 이 사업을 시작하기 전까지 나 역시 이 정도로 고시원이 많다는 것은 몰랐다.

네이버 플레이스 지도 영역에 등록된 강남고시원 캡처 이미지

* +7, +12 등으로 표기된 곳은 동일한 지역에 있는 고시원 숫자다. 해당 영역을 클릭하면 고시원 이름이 뜬다.

1인 주거 플랫폼 '고방' 앱에 등록된 강남고시원 캡처 이미지

* 앞의 자료와 비교해서 보면 얼마나 많은 고시원이 있는지 확인할 수 있다. 회색으로 표시된 것까지 모두 등록된 고시원이다.

사업에는 연습이 없다

선호도 높은 상권의 단점이 비싼 임대료와 많은 경쟁업체라는 것을 알고 접근하길 바란다. 고시원 운영도 분명한 사업임을 인지하고 단점을 보완하여 내가 장점으로 만들 수 있어야 성공적인 사업장을 만들 수 있다. 이렇게 높은 임대료를 지불하고도 인수하려면 남다른 전략이 있어야겠지만, 먼저 자신의 성향에 맞아야 성공할 수 있다고 생각한다. 내가 운영을 잘해서 매달 임대료와 공과금을 처리하고 건물주에게 지불하는 임대료보다 수

익을 더 많이 가져갈 수 있다고 생각하는 사람이 있는 반면, 방이 차지 않아 매달 적자가 1,000만 원 나면 어떡하지 하고 걱정이 앞서는 사람도 분명 있다.

어느 지역이든 고시원 수요는 있다고 할 수 있다. 그러나 나에게 맞는 상권(임대료, 경쟁업체), 기타 요소 등을 고려하여 창업 전에 다시 한번 신중히 생각하여 결정하도록 하자. 시작부터 큰 액수의 임대료를 감당하는 것이 심적 부담으로 다가와 스트레스를 받는다면 오랜 기간 운영하기는 힘들 것이다.

그렇다고 아주 월세가 작은 고시원부터 시작하라는 말은 아니다. 간혹 컨설팅을 받는 사람들 중에 부담 안 되는 작은 고시원부터 시작해서 어느 정도 경험이 쌓이고 연습을 한 다음 큰 고시원으로 갈아타야겠다고 하는 사람들이 있다. 어떤 것이든 본인의 선택을 존중하지만 이 말은 꼭 전하고 싶다. 사업에는 연습이 없다는 것이다. 시작과 동시에 실전이고 최선을 다해야 한다. 이 말씀을 기억했으면 좋겠다. 크든 작든 사업에는 오로지 실전뿐이다.

고정 지출 비용,
이렇게 관리하라

숨만 쉬어도 나가는 고정 비용

고정 비용은 고시원을 운영할 때 매달 일정하게 지출되는 비용을 말한다. 고시원을 계약하는 순간부터 지출되며, 운영을 그만두지 않는 한 계속 지출해야 하는 비용이다. 임대료, 일정한 광고를 진행한다면 광고 선전비 등이 고정 비용에 해당한다.

건물을 임차하여 고시원을 운영한다면 임대료(월세)가 가장 대표적인 고정 비용에 해당한다. 고시원 임대료는 계약 후 후불로 건물주에게 지불한다. 계약 날짜가 18일이었다면, 다음 달 17일에 지불하는 식이다(부과세는 별도다).

고시원 월 매출, 고정 비용, 순수익 예시

항목	금액 예시
월 매출	10,000,000원 (만실인지 아닌지 따라 총 매출은 달라진다)
월 임대료 (부가가치세 별도)	4,300,000원 (임대차 계약 특약에 따라 인상되지 않으면 변동 없다)
전기 요금	450,000원 (여름철 에어컨 가동 시 금액에 변동 폭이 있다)
도시가스 요금	350,000원 (겨울철 보일러를 가동하는 경우에 따라 변동 폭이 있다)
수도 요금	280,000원 (수도 요금은 크게 변동이 없다)
인터넷 + TV 요금	180,000원 (매달 변동 없이 약정된 지출 비용이다)
관리비	300,000원 (건물에 따라 수도 요금이 포함된 관리비가 있고, 일반 관리비가 있다. 단독 건물의 경우 없는 경우도 있다)
운영비	300,000원 + α 광고비 (밥, 라면, 김치 제공 등 매달 운영에 드는 비용이다)
월 순수익	3,840,000원 (공과금과 방 입실률에 따라 순수익이 변동된다)

의외의 복병, 관리비

고시원을 운영할 경우 건물의 임대료 외에 관리비가 발생한다. 관리비는 건물에 따라 다르다. 예를 들어 일산이나 분당 같은 지역은 신도시 주변으로 분양상가들이 지어지면서 건물에 고시원 용도로 지어 임대하는 곳이 많다. 이런 경우는 임대료 외에 관리비 명목의 비용이 발생하는데 위치에 따라 매달 관리비만 100만~180만 원이 넘는 경우가 있다. 수도 요금은 관리비에 포함되는 곳도 있고 별개인 곳도 있으므로 미리 확인해야 한다.

　내가 임대하는 고시원이 분양상가 안에 있다면 관리비도 고정 비용으로 예상해야 한다. 그리고 분양상가가 아니라 상가 건물의 건물주가 따로 있을 때는 관리비 명목으로 월 20만~40만 원을 받는 경우도 있으므로 이 부분은 확실히 확인해야 한다. 통건물 또는 임대하는 건물에 따라서 관리비가 없는 곳도 있으니 알아두도록 하자.

꼬박꼬박 내야 하는 공과금

　다음은 매달 발생하는 공과금이다. 공과금은 시설 내에서 사용하는 전기 요금, 도시가스 요금, 수도 요금, 인터넷+TV 요금, 일반전화 요금 등을 포함한다. 내 경우 일반전화 번호로 고시원을 홍보하지만 착신을 걸어둬서 휴대폰으로 입실 문의를 받는데, 이 비용으로 월 1만 원 초반 정도 추가된다. 인터넷+TV는 기존 고시원에서 사용하고 있다면 그 계약을 이어받아 운영해도 되는데, 한 달 비용이 높게 책정되었다면 인수할 때 해지하겠다는 조건을 두고 내가 원하는 업체로 새로 설치할 수 있다. 방 개수에 따라 비용이 차이 날 수 있는데, 월 15만 원 정도라면 매우 괜찮은 비용으로 생각하고 유지할지 변경할지 결정하면 된다.

　수도 요금의 경우 가정용으로 등록되어 있다면 두 달에 한 번

매달 고정 지출 비용

비용 항목						
월 임대료 (부가가치세 별도)	도시가스 요금	전기 요금	수도 요금	TV + 인터넷 요금	KT 일반전화 요금	렌탈서비스, 온라인 광고, 매달 운영비

고지되고 월 비용으로 평균 25만~35만 원 정도 나올 것이다. 도시가스 요금과 전기 요금 같은 경우는 여름과 겨울에 따라 사용 기간이 상반되기 때문에 비용이 줄고 늘고 한다. 여름에는 에어컨을 가동하니까 전기 요금이 더 많이 나오고 겨울에는 보일러를 가동해서 전기 요금은 줄고 도시가스 요금이 사용량에 따라 나오게 된다.

지금까지 설명한 것이 사용량에 따라 차이는 나지만 매달 발생하는 비용이 된다. 외적으로 편의시설에 옵션을 더하여 외주 업체를 사용하는 경우 청소업체가 있다면 고정 비용이 추가될 것이고, 내부의 쾌적한 환경을 위해 세스코 같은 업체를 이용한다면 또 비용이 추가될 수 있다. CCTV를 설치하거나 정수기 등을 렌탈로 이용한다면 이 역시 매달 지출하는 비용으로 예상한다.

기타 가변적인 비용

이렇게 매달 나가는 비용을 정확히 알아야 하는 이유는 무엇일까? 이는 바로 이런 비용을 다 염두에 둬야 순수익을 계산할 수 있기 때문이다. 고시원을 인수할 때는 한 방에 평균적으로 들어가는 비용에 방의 개수를 곱한 다음 매달 나가는 비용의 합계를 차감해야 순수익이 계산되어 인수 여부를 판단할 수 있다.

앞에서 설명한 비용 외에 그때그때 다르지만 추가로 알아둬야 할 비용도 있다. 쌀, 라면, 김치 등을 제공하는 경우 고시원에 사는 입실자에 따라 어느 곳은 생각보다 많이 먹는 곳이 있는가 하면 비치해도 잘 먹지 않는 곳도 있어서 운영하며 없을 때 구매해서 채워놓는 항목으로 생각하면 된다. 세탁 세제를 제공한다면 이것 역시 비용에 추가된다. 커피, 녹차, 빵, 시리얼 등의 편의를 더 제공하면서 운영한다면 이 비용이 고정 비용이 될 것이고 제공하지 않는다면 고정 비용에는 잡히지 않을 것이다.

마지막으로 온라인 광고 비용 역시 직접 블로그로 홍보하면 지출이 없겠지만, 유료 광고를 이용하면 이 역시 비용 항목을 차지하게 된다. 어느 범위까지 홍보 비용을 사용할지에 따라서 보통 10만~30만 원으로 비용이 달라지지만, 운영하는 곳이 만실이라면 그때는 네이버 파워링크 광고를 일시 중단할 수 있기 때문에 그때는 잠깐 파워링크 광고를 off로 돌려 차감되는 비용이 빠지지 않도록 하면 된다.

이렇게 고정 비용, 변동 비용, 상황에 따라 달라지는 추가 비용까지 다 예상해야 고시원 운영에 필요한 정확한 자금을 알 수 있다. 네이버 파워링크는 네이버 플랫폼에 노출되는 사이트 검색 광고를 말한다. 사람들은 검색창을 통해 강남 맛집, 홍대 맛집으로 알아볼 때 '파워링크'라는 최상단 영역에 이미지와 함께 노출되는 것을 클릭하여 홈페이지를 검색한다. 고시원도 마찬가지로 '강남고시원', '홍대고시원'이라는 키워드를 검수 등록하여 사이트로 연결 후 소비자가 검색해볼 수 있는 키워드를 광고하여 노출되도록 홍보하는 것이 바로 네이버 파워링크다.

몰라서는 안 되는
세금 및 현금 영수증

고시원은 현금 영수증 의무발행 업종이다

고시원을 운영하면 방을 임대해주고 받는 입실료(월세)를 받게 된다. 무통장 입금으로 받을 수 있고, 현금 또는 카드 결제도 가능하다. 고시원 사업도 세금 신고와 납부를 당연히 해야 하고, 현금 영수증도 발행해야 하는 의무 업종이다.

국세청은 2021년 1월 1일 전자상거래 소매업 등 10개 업종을 현금 영수증 의무발행 업종에 추가했는데, 고시원 운영업이 여기 포함되었다. 현금 영수증 발행은 운영자가 직접 해야 하기 때문에 놓치지 말고 미리 알아두도록 하자.

1월, 7월은 부가세 신고달, 5월은 종합소득세 신고달

간이과세자와 일반과세자는 부가가치세에서만 차이가 있고, 소득세, 원천세 등에서는 차이가 없다. 따라서 자동적으로 간이과세자가 되는 것이 아니라 사업을 시작할 때 신청을 하거나 규모에 맞는 경우 신청을 해야 인정되니 확인 후 신청하기 바란다. 세무서에서 개인사업자 등록증을 발급받으면 종목은 고시원, 업태는 서비스 또는 숙박업으로 발급받게 되는데, 일반과세자/개인사업자에 적용된다.

일반과세자는 1년에 총 2번 부가세 신고를 하면 된다. 각각 상반기에 대한 부가세 신고 기간은 7월, 하반기에 대한 부가세 신고 기간은 1월이다. 1월부터 6월분은 7월 25일까지, 7월부터 12월분은 다음 해 1월 25일까지 부가세 신고를 해야 한다. 7월에 하는 부가세 신고는 상반기에 대한 부가세 신고이므로 1기 부가세 확정 신고 기간이 되고, 7월 1일부터 7월 25일까지 부과세 신고 기간이다. 1월에 하는 부가세 신고는 하반기에 대한 부가세 신고이므로 2기 부가세 확정 신고 기간이 되며, 1월 1일부터 1월 25일까지 부가세 신고 기간이다. 1월과 7월에 부가세를 신고한 후 세금을 납부해야 한다. 또한 종합소득세가 있는데, 해당년도 총소득을 다음 해 5월 달에 신고해야 하는 것을 말한다. 즉, 1월과 7월은 부가세 신고 납부 기간이고, 5월은 전년도 종합소득세 신고 납부 기간으로 알아두면 된다.

2가지 현금 영수증 발행 방법

운영자가 직접 현금 영수증을 발행해야 하고, 고시원이 의무 발행 업종으로 포함되었다고 설명했다. 그럼 현금 영수증 처리는 어떻게 해야 할까? 말 그대로 현금으로 받은 것을 발행 처리하면 된다. 위에 설명했듯이 무통장으로 입금 받은 돈이나 직접 받은 현금을 현금 영수증 신고 처리를 하는 것이다. 여기서 알아야 할 점은 카드로 결제 받은 내역은 제외한다는 것이다. 카드 정산의 경우에는 국세청으로 자동으로 전산 처리된다고 보면 되는데, 이 사실을 모르고 현금 영수증을 다시 발행하면 이중 발행이 되기 때문에 카드 결제는 별개로 보도록 하자.

현금 영수증 처리를 하는 데는 2가지 방법이 있다. 하나는 카드 단말기에서 처리하는 방법이다. 카드 단말기를 보면 '현금'이라고 적힌 버튼이 있다. 이 버튼을 눌러보면 1번 소비자 소득공제를 누르면 "카드를 읽히거나 휴대폰 번호 또는 주민등록증 번호를 입력하세요"라는 안내가 보인다. 현금을 지불한 입실자의 휴대폰 번호를 입력하고 입력을 눌러보자. 그럼 금액을 입력할 수 있는데, 받은 금액(부가가치세 포함)을 입력 후 확인 버튼을 누르면 현금 영수증 처리 발행이 완료된다.

다른 한 가지 처리 방법은 홈택스 앱을 통해서 가능하다. 카드 단말기를 이용하기 위해 현장에 가지 않아도 되고 휴대폰 하나만 있으면 손쉽게 할 수 있다. 홈택스 앱을 다운받아 실행을 하면 좌측 상단에 로그인해야 하는데, 공인인증서가 필요하다. 로그인 이후에 조회발급 버튼을 누르면 아래 현금 영수증 발급, 현금 영수증 승인거래발급이라고 보일 것이다. 그럼 가맹점 정보에 발급받은 사업자등록번호를 확인할 수 있고 상호와 구분에 일반과세자로 표시되어 있을 것이다. 화면 아래 거래정보 등록 영역이 있다. 여기에서 발급수단번호에 현금 영수증을 발행할 당사자의 휴대폰 번호를 기입하고 총 거래 금액에 지불 받은 금액을 입력하면 된다. 맨 아래 버튼 발급요청까지 누르면 현금 영수증 발행이 처리된다.

홈택스 앱 캡처 화면

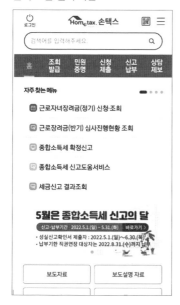

많이 벌어서 번 만큼 납세하자

한 번만 직접 해보면 아주 간단하게 할 수 있다. 카드 단말기 또는 홈택스 앱 중에서 자신이 편한 방법으로 하면 된다. 운영하다 보면 다른 일이 바빠서 현금 영수증 발행을 놓치는 경우가 생길 수 있다. 아니면 처음이라 몰랐다고 설명할 수도 있다. 세금과 관련해 세무사가 하는 말 중에 이런 말이 있다. "법 앞에서는 몰라서 그랬다는 핑계는 통하지 않는다." 세법에 따라 납세자 스스로 신고해야 할 의무가 있는데, 이행하지 않는다면 그 값을 물어야 한다는 것이다. 우리 모두가 많이 벌어서 번만큼 기분 좋게 납부하는 성실한 납세자가 되도록 하자.

적정한 권리금의
의미

순수익 × 24개월 = 권리금?

적정한 권리금에 대한 명확한 계산법은 없다. 통상 '순수익 × 24개월'을 했을 때 산출되는 금액을 권리금으로 생각하기는 한다. 예를 들어 하나의 매물을 보고 왔다고 해보자. 보증금 5,000만 원에 권리금이 1억 원이다. 순수익을 확인했더니 매달 350만 원의 수익을 가져가고 있다고 확인했다. 그럼 위의 공식대로 계산했을 때 권리금은 8,400만 원으로 나온다. 그렇다면 이 매물의 권리금은 높은 것일까?

양도인이 받고 싶은 금액, 권리금

권리금이라는 것은 결국 양도인이 희망하는 금액을 말하는 것이다. 앞의 계산법으로만 봤을 때 운영에 대한 권리금만 포함한 것인지, 시설에 대한 권리금도 포함시킨 것인지는 현장을 직접 눈으로 보고 판단해야 한다. 고시원의 가치를 올리기 위해서는 아무래도 인테리어 공사 등을 하게 되는데, 결국 인수하는 사람이 보수를 할 때 추가되는 금액을 지불하게 되어 있다. 작업해야 하는 요소들이 많을수록 인테리어 비용은 올라가니 권리금만 저렴하다고 생각하고 인수하면 시설 가치를 올리는 이후의 지출이 더 발생할 수 있기 때문이다.

시설 및 영업 권리금 외 주변 고시원 방 가격도 확인하자

운영 권리와 시설 권리만으로 최종 권리금을 판단하는 것 역시 무리가 있다. 수익 구조 데이터를 검토했을 때 매월 순수익이 350만 원이 아니라 만실을 채웠을 경우 450만 원까지 순수익이 나올 수 있는 여지도 판단해야 하고, 그러기 위해 장사가 잘될 수 있는 지역인지, 입지는 역에서 가까운 역세권에 들어가는지, 방 크기, 외창의 비율, 주변 고시원의 평균 방 가격 등까지 고려해보면 현 매물의 권리금이 적당한지 아닌지가 더 투명하게 보일 수 있을 것이다.

양도인의 사정이 급하다면 권리금은 내려갈 수 있다

결국 내가 운영하고 싶은 매물의 권리금을 인정하고 그 권리금을 지불하고 인수하게 되는 것인데, 2022년 5월 현재 고시원 전문 부동산 사무소에 등록된 매물들을 파악해보니, 대부분 권리금이 3,000만~5,000만 원 정도 더 높게 책정된 상황이다. 힘든 코로나19 시대를 버티며 운영해온 원장들 입장에서 볼 때 이제 더 운영이 힘들지 않을 것이라는 생각과, 장사가 될 거라는 기대감에 권리금이 높게 올라간 것이다. 1년 전보다 좀 더 안정적으로 고시원을 운영하려는 예비 원장들은 지난해부터 알아본 금액보다 높게 올라가 있으니 접근을 망설이는 경우도 많다. 양도하려는 자와 양수하려는 자의 입장이 이미 차이가 나버린 것이다.

시장 전체의 매물 권리금이 다시 떨어지기는 쉽지 않아 보인다. 다만 사정이 있거나 급하게 팔고 나가려는 경우에 권리금 조정의 여지는 당연히 있다. 실제 인수 계약을 하고, 소방 점검을 통해 안전시설등 완비증명서까지 받아뒀다가 마지막 임대차 계약을 하기 위해 건물주와 임대차 계약을 진행하려는 과정에서 계약이 취소되는 경우가 빈번히 일어난다. 왜? 건물주 역시 임차인이 바뀌면 월세를 더 올리고 싶기 때문이다. 적정한 권리금? 내가 운영하며 회수할 수 있는 기간이 얼마나 걸릴지 계산하며 변익적인 엑시트(Exit, 투자자 입장에서 자금을 회수하는 방안)에 대한 생각도 같이 해두는 것이 좋을 것이다.

고시원 운영,
최장 10년까지 보장

갱신 요구와 묵시적 갱신

고시원을 인수 후 건물을 임차하여 운영하는 것과 관련하여 문제가 발생할 수 있으니 상가건물임대차보호법의 내용을 충분히 알고 있어야 한다. 건물주와 건물 임대차 계약 후에 최장 10년까지 계약을 연장할 수 있지만, 계약 갱신 요구와 묵시적 갱신(법적 갱신, 흔히 자동연장된다고 하는 것)에 따라 존속 기간이 달라지는 것에는 어떤 것이 있는지와 상가 임대차 계약에서 계약 갱신 요구 거절 사유는 어떤 것이 있는지 자세히 알아보도록 하자.

계약 종료 6개월에서 1개월 전에 갱신을 요구할 것

상가건물임대차보호법 제10조(계약 갱신 요구 등)를 확인해보면 "임대인은 임차인이 임대차 기간이 만료되기 6개월 전부터 1개월 전까지 사이에 계약 갱신을 요구할 경우 정당한 사유 없이 거절하지 못한다"는 조항이 명시되어 있다.

주택의 경우는 계약 기간이 만료되기 6개월 전부터 2개월 전까지지만, 상가의 경우는 6개월 전부터 1개월 전까지다. 다만 어느 하나의 경우에는 그러하지 못한다는 조항에 따라서 상가건물

상가건물임대차보호법 제10조(계약 갱신 요구 등)

	거절 사유 8가지 내용
1	임차인이 3기의 차임액에 해당하는 금액을 이르도록 차임을 연체한 사실이 있는 경우
2	임차인이 거짓이나 부정한 방법으로 임차한 경우
3	서로 합의하여 임대인이 임차인에게 상당한 보상을 제공한 경우
4	임차인이 임대인의 동의 없이 목적 건물의 전부 또는 일부를 전대(轉貸)한 경우
5	임차인이 임차한 건물의 전부 또는 일부를 고의나 중대한 과실로 파손한 경우
6	임차한 건물의 전부 또는 일부가 멸실되어 임대차의 목적을 달성하지 못할 경우 외 두 가지 사유가 더 있다.
7	임대인이 다음 각 목의 어느 하나에 해당하는 사유로 목적 건물의 전부 또는 대부분을 철거하거나 재건축하기 위하여 목적 건물의 점유를 회복할 필요가 있는 경우 가. 임대차 계약 체결 당시 공사 시기 및 소요 기간 등을 포함한 철거 또는 재건축 계획을 임차인에게 구체적으로 고지하고 그 계획에 따르는 경우 나. 건물이 노후·훼손 또는 일부 멸실되는 등 안전사고의 우려가 있는 경우 다. 다른 법령에 따라 철거 또는 재건축이 이루어지는 경우
8	그 밖의 임차인이 임대인으로서의 의무를 현저히 위반하거나 임대차를 계속하기 어려운 중대한 사유가 있는 경우

출처: 국가법령정보센터 홈페이지

임대차 계약에서 계약 갱신 요구의 거절 사유 8가지 항목을 알아두자. 쉽게 말해 한 달 월세가 100만 원이면 300만 원이 연체되어야 거절 사유가 된다. 세 달 동안 연체가 지속되는 것을 뜻하는 것이 아니라, 연체된 액수가 석 달 월세액에 해당되도록 연체한 적이 한 번이라도 있다면 건물주가 계약 갱신 요구를 거절할 수 있다는 뜻이다. 만약 1년 계약을 해서 장사하기로 했다면 1년 지나면 건물주가 임차인을 내보낼 수 있다는 말이다.

묵시적 갱신에 따른 존속 기간

끝으로 '묵시적 갱신'을 하는 경우인데 잘 알아둬야 한다. 앞서 설명한 계약 만료 기간 6개월 전에서 1개월 전 사이에 계약을 갱신하지 않고 묵시적으로 자동으로 연장되는 경우라면, 기존 계약이 2년이었다고 하더라도 임대차의 존속 기간은 1년으로 본다. 묵시적 갱신이 되었기 때문에 그렇다. 묵시적 갱신이 된 경우 임차인은 임대인에게 계약 해지 통고를 할 수 있고, 임대인은 통고를 받은 날부터 3개월이 지나면 효력이 발생하기에 보증금을 임차인에게 내줘야 한다.

묵시적 갱신이기에 그렇고, 임차인이 통고하면 무조건 3개월 뒤에 보증금을 돌려주는 게 아니다. 계약 갱신에 의해서 갱신된 경우에는 해지할 수 없는 것이다. 전 임대차 계약과 동일한 조건으로 계약을 했거나 2년 계약을 했다면 3개월 후 보증금을 건물주가 돌려주는 게 아니라는 것을 거듭 강조한다.

상가건물임대차보호법 관련한 법적조항을 보고 싶다면 국가법령정보센터 홈페이지(www.law.go.kr)에서 확인할 수 있다. 마지막으로 참고할 사항은 '2020. 12. 10. 상가건물임대차보호법 시행령 타법개정'에서 2022. 1. 4. 상가건물임대차보호법이 일부 개정되었다. 법률은 개정될 수 있으니 고시원 인수 전에 상가건물임대차보호법을 한번 더 확인하길 바란다.

소액으로 하는
인테리어 노하우

고시원의 첫인상, 인테리어가 좌우한다

"고시원을 창업하기 위해서 인테리어를 반드시 해야 하는가?"
라는 질문에 무조건 '반드시 해야 한다'고는 말할 수는 없다. 그
러나 우리가 어떤 상가 점포를 임대해서 장사를 한다고 생각해
보자. 처음에 가장 눈여겨보는 것이 그 점포의 인테리어다. 왜
그럴까?

손님에게 각인되는 가장 강렬한 최초의 이미지가 바로 눈에
보이는 분위기, 인테리어이기 때문이다. 간판이나 내부 시설 등
이 깔끔하고 깨끗한 곳이라면 누구나 방문해보고 싶은 마음이
들기 마련이다. 만일 친구와 카페에서 시간을 보내려는데 한 곳
은 허름하고 낡아 보이고 다른 한 곳은 바로 오픈한 것처럼 외양

이 깔끔하고 세련되었다면 어디로 가겠는가? 당연히 인테리어가 잘 되어 있는 깨끗한 곳을 갈 것이다.

고시원 역시 사람이 거주하는 공간이기 때문에 동종업계와의 시설 경쟁 구도를 고려할 때 당연히 인테리어가 되어 있는 곳이 유리할 수밖에 없다.

부분 인테리어만 해도 분위기는 바뀐다

첫 번째 고시원뿐만 아니라 현재의 두 번째 고시원 역시 인수 후에 부분 인테리어를 하고 운영을 시작했다. 사람들은 시설이 깔끔하고 깨끗한 분위기를 선호하기 때문에 인테리어 공사를 해서 분위기가 달라진다면 그만큼 만실을 채우기 수월하다. 바로 내가 인테리어를 추천하는 이유다.

공용 부분을 인테리어 공사를 하고 바닥 데코타일, 조명, 도어락 정도만 바꿔도 새것 같은 느낌이 물씬 난다. 기존 고시원들은 오래전에 시설 공사를 한 곳이 많기 때문에 인수 후에 손볼 곳도 보이고 대부분 상태가 좋지 않다. 고시원을 돌아다녀보면 금방 알게 된다. 그런 시설의 경우 방을 찾기 위해 들어온 손님은 입구에서부터 낡았다는 느낌을 받게 된다. 손님에게 직접 방을 보어주면서 방 가격을 이야기하면 대부분 다른 곳도 좀 알아보고 오겠다는 말만 하고는 다시 오는 경우가 거의 없다.

반면, 인테리어가 잘 되어 있다면 손님이 들어오는 첫걸음부터 '여기 깨끗한 곳이네' 하는 호감을 전달할 수 있다. 방을 보여줄 때도 방 안에 도배가 깨끗하게 되어 있고 침대 커버까지 새것으로 교체되어 있고 청소까지 깨끗하게 되어 있다면 손님이 계약할 확률이 그만큼 올라간다. 고시원 사업은 어디까지나 방을 채워서 수익을 남기는 사업이다. 고시원의 입실자들을 위해 기본적으로 갖춰야 하고 새롭게 변화시킬 부분이 바로 인테리어다.

인테리어 사진을 온라인 마케팅에 활용한다

인테리어를 해야 하는 이유는 분위기 때문만이 아니다. 인테리어가 온라인 마케팅을 하는 데도 큰 도움이 되는 영역이기 때문이다. '오픈을 했으니 손님이 알아서 찾아오겠지?'라는 생각은 예전의 운영 방식이다. 지금은 온라인 광고에 실린 시설 및 방 사진을 보고 손님이 그 방을 보고 싶어 실제로 찾아오게 하는 마케팅을 해야 하는 시대다.

고시원을 찾는 손님이 첫 번째로 보는 조건은 무엇일까? 그 고시원에 쌀과 김치가 맛있어야 하는가? 라면을 여러 종류로 제공해야 하는가? 이런 것은 부수적인 서비스에 불과하다. 방을 선택하는 첫 번째 조건은 어디까지나 시설의 상태, 자신이 들어갈 방의 크기, 합리적인 가격, 사용하기 편리한 공용 시설이다. 그런

조건이 충족되어야 본인이 머무를 고시원을 선택하는 법이다.

　그런 점에서 온라인 광고를 할 때 가장 먼저 보여주는 것이 시설의 사진이고, 그 사진으로 고객의 눈길을 끌어야 한다. 고시원은 우리가 생각하는 것보다 많다. 한 지역에서 보유한 방 형태는 고시원마다 다르지만 여러 고시원이 있기 때문에 소비자 입장에서는 여기저기 인근의 고시원을 들어가 보면서 알아보게 된다. 인터넷 검색을 통해 알아보는 경우가 많기 때문에 이 고시원은 오래되었거나 깨끗하지 않은 것 같다고 인식되면, 처음부터 그 고시원은 그냥 걸러지는 것이다.

　같은 가격인데 이왕이면 좀 더 깨끗한 곳에 머물고 싶은 것은 당연한 심리다. 무한경쟁 시대에서 내 업종이 갖춰야 하는 필수요건은 장착하고 경쟁업체와 대결해야 어느 정도 균형이 맞지 않을까? 돈이 돈을 버는 세상이다. 고시원은 인테리어에 투자해서 방을 좀 더 쉽게 채우고 이를 통해 이익을 남기는 사업임은 틀림없다. 그래서 최소한 지저분한 공간이라도 부분 인테리어를 하는 것을 추천한다.

오래된 느낌부터 없애자

인테리어를 어느 선까지 진행해야 할까? 이 부분에 대한 궁금증이 생길 것이다. 처음부터 많은 돈을 들여서 완벽하게 인테리어를 정비하는 것에는 반대한다. 그렇게 하면 한도 끝도 없이 아주 큰 금액을 지출하게 되어서 부담스럽다. 예산이 가능하다면 할 수 있는 선까지 하면 좋겠지만 그렇지 못한 경우는 반드시 '해야만 하는 곳'까지는 진행하자.

예를 들어 복도 벽이 진갈색으로 오래된 느낌을 준다면 부분 템파보드를 대어 예전의 낡은 느낌을 없애고 벽면에 인테리어 조명을 설치할 수 있을 것이다. 주방 싱크대가 전체 빨강색으로 되어 있다면, 주방 전체를 교체하는 것이 아니라 그레이 또는 화이트로 시트지 교체 작업을 해서 저렴하면서도 충분히 분위기를 바꿀 수 있다. 고시원은 보여지는 시설이 상당히 중요하니 인수하게 된다면 부분 인테리어라도 염두에 두자.

좋은 고시원 부동산을
찾는 방법

일반 부동산 사무소를 통해 알아보기는 힘들다

고시원은 권리금이 형성되어 있는 특수물건으로 일반 부동산 사무소에서 취급하는 경우는 매우 드물다. 포털사이트에서 '고시원 매매'라고 검색하면 고시원을 중개하는 부동산 사무소를 일부 찾을 수 있지만, 많은 곳을 알아보기는 힘들다. 한 번에 서른 곳 이상의 부동산 사무소를 확인할 수 있는 아주 간단하면서도 도움되는 방법이 있다.

고시원넷에서 고시원 부동산 사무소를 확인하자

'고시원넷'이라는 사이트에서 고시원 전문 부동산 사무소를

찾는 방법이다. 고시원 방을 찾는 사람들이 이 사이트를 이용하
지만, 고시원을 인수하기 위해 알아보는 예비 원장들이 보기에
도 좋은 점이 있다. 바로 고시원 전문 부동산 사무소들이 이 사
이트에서 홍보를 하기 때문에 상호와 연락처를 쉽게 확인할 수
있다. 먼저 PC로 고시원넷이라고 검색하여 사이트에 접속해보
자. 그럼 메인 화면 상단바 오른쪽에 '고시원매매'라고 노란색으
로 글자가 보인다. 그곳을 클릭하면 상단바 항목이 변하면서 오
른쪽에 '업체별 매물'이라는 카테고리를 볼 수 있다. 이 카테고리

고시원넷 업체별 매물 카테고리 캡쳐 화면

○이탑부동산중개	02-568-○○○○ 서울		○이탑부동산중개	02-568-○○○○ 서울
○이탑부동산중개	02-568-○○○○ 서울		○이탑부동산중개	02-517-○○○○ 서울
○이탑부동산중개	02-568-○○○○ 서울		○나부동산	02-332-○○○○ 서울
○한부동산	02-6416-○○○○		○대부동산	02-3141-○○○○
○호부동산	02-2038-○○○○		○러스알파 공인중개사사무소	02-814-○○○○
○한부동산	02-3141-○○○○		[○리닷컴]○일공인중개사무소	02-923-○○○○
[○리닷컴]○일공인중개사무소	02-6221-○○○○		[○리닷컴]○스트공인중개사무소	02-6081-○○○○
○먼파워공인중개사사무소	02-3487-○○○○		○나부동산공인중개사무소	02-322-○○○○
○룸부동산	02-923-○○○○ 서울		○원이셋부동산중개법인주식회사	02-3499-○○○○
○너공인중개사사무소	02-6959-○○○○		[○리닷컴]○스트공인중개사무소	02-313-○○○○
○먼파워공인중개사사무소2	02-3487-○○○○ 서울		○진공인중개사무소	02-373-○○○○ 서울
○함께 중개사 사무소	02-6956-○○○○		○토 공인중개사무소	02-2135-○○○○
○토 공인중개사사무소	02-2135-○○○○		○크동아 공인중개사사무소	02-876-○○○○ 서울
○함께 공인중개사 사무소	02-732-○○○○		○르공인중개사사무소	02-2256-○○○○
(주)○진부동산(경기남부전문)	02-2259-○○○○		[○리닷컴]○일공인중개사무소	02-313-○○○○
[○리닷컴]○스트공인중개사무소	할리닷컴		○러스알파 고시원전문 중개사무소	010-7284-○○○○
○보공인중개사사무소	02-815-○○○○ 서울		○WJ공인중개사무소	02-773-○○○○
○WJ공인중개사무소	02-773-○○○○		★○룸 공인중개사 사무소★	02-923-○○○○ 서울
○남 신논현역 라움부동산	02-569-○○○○ 서울		○진컨설팅부동산 중개	02-758-○○○○ 서울
○한컨설팅부동산(주)	02-6416-○○○○ 서울		○개법인경진부동산중개컨설팅(주)	02-6226-○○○○ 서울
○음 공인중개사무소	02-333-○○○○		○터공인중개사	010-3735-○○○○ 서울
(주)○동 경진부동산 컨설팅	02-758-○○○○ 서울		○먼파워공인중개사사무소1	02-3487-○○○○ 서울
○시원넷태스트	010-010-○○○○			

출처 : www.gosi1.net

를 클릭하면 '고시원 전문 컨설팅 업체별 등록 매물 보기' 화면과 함께 고시원만 전문적으로 중개하는 부동산 사무소의 상호와 연락처를 한 번에 확인할 수 있다.

부동산 매물 확인 절차

부동산 사무소 상호를 클릭하면 등록한 매물을 확인할 수 있는데, 텍스트만 등록되어 있어서 이 글만으로 매물 정보를 파악하거나 위치를 알기는 어렵다. 따라서 관심이 있다면 각 부동산 사무소에 연락해서 매물을 요청하고 담당자를 현장에서 만나 매물을 답사하는 방법으로 진행될 것이다. 직접 전화를 해보면 알겠지만, 통화하는 부동산 사무소의 담당자 직함이 대표, 이사, 전무, 실장 등 각자 다르다. 부동산 사무소의 특성상 개인사업자로 각자 활동하는 경우가 많다.

즉, 내가 A부동산 사무소의 전무와 통화를 했다고 해서 이 전무가 갖고 있는 매물이 이 부동산 사무소의 전체 매물은 아니다. A부동산 사무소의 다른 실장과 통화를 하면 그 실장이 전무가 보유하고 있지 않은 다른 매물을 가지고 있을 수 있다는 것이다. 대표 아래 직원들이 있는 체계로 된 부동산 사무소도 있지만, 대부분 개별적인 영업 방식으로 운영되는 부동산 사무소가 많으니 참고하도록 하자.

직접 만나서 추천받자

직접 전화를 해서 가용 금액과 희망 지역을 이야기하고 추천을 해달라고 해서 바로 매물을 주는 부동산은 아마 거의 없을 것이다. 단순히 관심만 있어서 어떤 매물이 있는지 궁금해서 전화하는 사람도 있을 것이고, 정말 창업까지 생각하고 알아보는 중이지만 전화 통화만으로는 부동산 사무소 측에서도 당사자의 의향을 알 수 없기 때문이다. 따라서 부동산 사무소에서는 미팅 날짜를 잡고 직접 만나서 매물을 추천해줄 것이다. 부동산 사무소의 매물은 중개 후 수익을 발생시키는 자산이기 때문에 여기저기 뿌리면 노출이 돼서 쉽사리 추천하지 않는 것이다. 정말 A급 매물은 홈페이지에 올리지 않을 테니 직접 만나서 추천을 받으면 된다.

끝으로 아주 중요한 점을 조심스럽게 언급한다. 부동산 사무소 상호를 보니 작년에 비해 새롭게 진입한 고시원 중개 부동산 사무소들도 눈에 보인다. 이 경우에도 조심해야 하지만, 예전부터 중개를 하고 있는 곳 중에서도 주의할 곳이 있는 게 사실이다. 이 사무소는 피하면 좋을 것 같다거나 이 중개사의 말을 꼼꼼하게 확인해봐야 한다거나 하는 것이다. 인수받은 사람들이 안 좋은 평가를 하는 곳도 있고 초보 원장이 감당하기 힘든 매물을 중개하는 곳도 있기 때문이다. 보여주는 매물이 겉은 번지르르하지만 속은 알고 보니 엉망이라 감당하기 어려울 수도 있고,

방이 많이 빠져 있는 것을 알면서도 2~3개 빠져 있어 수익이 잘 나오고 있다고 거짓 브리핑을 한다거나, 이만한 매물이 없다면서 좋은 매물이 아닌데도 불구하고 좋다고 추천하는 경우 등이 있다. 중개 과정에서는 이런 점을 알기는 어렵다. 추후 인수 후 운영을 해보면 그때야 알게 되는데, 이 점은 반드시 염두에 두고 좋은 부동산 사무소와 거래를 시작했으면 한다.

기존 고시원 vs
프리미엄 고시원

기존 고시원과 프리미엄 고시원의 차이

기존 고시원은 원룸, 샤워룸, 미니룸의 형태로 나뉜다. 프리미엄 고시원은 올원룸형이라고 보자. 올원룸형으로 신설하는 곳은 당연히 프리미엄 고시원이다. 또한 기존의 미니룸 자리 등을 인수하여 시설 공사 후 프리미엄 고시원으로 탈바꿈하는 방법도 있다. 각자의 브랜드를 만들기 위해 시장에서도 이미 이렇게 시설을 제안하고 이루어지는 경우들이 계속 생기고 있는데 어떤 점이 다른지 비교해보자.

프리미엄 고시원은 오피스텔과 차이가 없다

쉽게 설명해서 프리미엄급 고시원의 수준과 비교 대상을 이야기하자면 오피스텔의 만족도를 갖는 수준으로 이해하는 게 좋다. 기존 고시원의 내부 방 크기가 2평(6.6제곱미터) 정도였다면, 프리미엄 고시원에서는 4평(13.2제곱미터) 이상 정도의 크기로 만들고 방 내부에 오피스텔 못지않게 개별 에어컨은 물론 세탁기, 건조기, 전자레인지 등 편의시설들이 모두 세팅되어 있다고 보면 된다. 그래서 이 정도의 급이 되는 것을 고시원 시장에서는 오피스텔이 아닌 고피스텔이라고 비유하기도 한다.

'원장의 눈'으로 단점을 보자

프리미엄 고시원은 시설 자체가 굉장히 깨끗하고 방 평수도 커서 오피스텔을 이용하려는 수요층이 프리미엄 고시원을 선택할 수 있는 장점이 있다. 입실자 입장에서는 방 안에서 편의시설을 이용할 수 있는 데다 오피스텔과 다르게 큰 보증금이 필요한 것도 아니고, 1년 단위의 월세 계약을 하지 않고 월 단위 계약이기 때문에 다음 달 다른 곳으로 간다고 해도 제약이 없다.

그럼 단점으로는 어떤 게 있을까? 이 점은 운영을 하는 원장의 입장에서 단점으로 보는 게 맞을 것 같다. 보통 고시원을 신설해서 100평 기준으로 30개 정도 방을 뽑는다고 한다면, 방의 월세를 높게 받아야 수지타산이 맞게 된다. 기존의 고시원 원룸 방들의 저렴한 가격은 30만 원부터 40만 원대라고 한다면, 프리미엄 고시원의 경우는 최소 50만 원에서 70만 원 이상은 받아야 할 것이다.

일반적인 고시원을 찾는 사람이라면 이 정도 금액에 놀라며 입실하지 않겠지만, 부모에게 경제적 지원을 받아 공부를 하는 상황이거나 오피스텔에 살다가 보증금을 빼야 하는 상황이거나 단기간 출장을 와서 회사의 지원을 받아 지낼 수 있는 상황 등이라면 프리미엄 고시원이 그다지 부담스럽지 않을 것이다.

신설 프리미엄 고시원은 깨끗하고 시설도 좋기 때문에 상대적으로 일반 고시원보다 방이 금방 차는 반면에, 매번 만실일 수는 없기 때문에 방이 빠지면 수익에 대한 타격도 적지 않게 된다. 만약 60만 원 받는 방이 5개가 빠지면 월 300만 원이 빠지는 상황이 되니 높은 가격만큼 방이 빠질수록 부담이 더 커진다.

자금이 부족하다면 보수와 청결로

누구나 깨끗한 고시원을 인수받아 시작하고 싶어 한다. 그러나 신설한 프리미엄 고시원을 갖기 위해서는 그만큼의 자금이 필요하다. 적어도 3억 원 중반 이상의 자금은 있어야 하고 보증금까지 더하면 4억 원 이상은 생각해야 한다. 결국 돈의 문제가 된다. 예를 들어 아파트로 이사하려고 해도 신축을 먼저 찾지 않는가. 그렇지 못한 경우에 깨끗한 곳을 찾고 그래도 돈이 부족하면 돈에 맞춰 방을 찾는 게 순서가 될 것이다. 그래서 수익률 면과 운영 면에서 기존 고시원을 인수하여 보수 및 인테리어를 해서 운영하는 방법이 고시원을 창업할 때 가장 쉽게 시작할 수 있는 방법이 된다. 방을 채울수록 투자금 대비 수익률이 높기 때문에 많은 사람들이 이 방법을 택하는 것이다.

똑같은 매물,
그런데 권리금은 다르다

부동산 사무소마다 권리금이 다른 경우

고시원 매매 부동산 사무소를 통해 인수 가능한 고시원을 알아보다 보면 동일한 매물인데 권리금이 다른 경우를 접할 수도 있다. 한 부동산 사무소에서만 거래하는 경우도 있겠지만, 보통 여러 부동산 사무소에 연락해서 매물을 알아보는 경우가 일반적이기 때문이다. A부동산 사무소에서 나에게 전달한 매물과 B부동산 사무소에서 전달한 매물이 동일한 위치의 매물이고 보증금, 월세, 관리비 등은 똑같은데 권리금만 다른 경우라면 왜 그럴까? 이런 경우 어떻게 해야 할지 알아보도록 하자.

기존 원장과 부동산 사무소와의 친분

매물을 양도하기 위해 마음을 먹은 원장이라면 고시원 전문 부동산 사무소에 전화해서 매물을 내놓을 수도 있고, 연락이 오는 부동산이 있는 경우 팔아달라고 요청하기도 한다. 자신이 지불한 권리금보다 더 낮게 팔고 싶은 사람은 없을 것이다. 누구나 파는 입장에서는 권리금을 더 높여서 팔고 싶을 것이고, 인수받으려는 입장에서는 더 저렴하게 사고 싶을 것이다.

그럼 권리금이 왜 다른가? 첫 번째로 매물을 내놓은 원장이 각각의 부동산에게 권리금을 다르게 전달했다고 가정할 수 있다. 친분이 좀 있거나 현재 운영하고 있는 고시원을 연결해준 부동산 사무소라면 실제 받고 싶은 권리금을 이야기하고 시장에 내놓았을 수 있다. 반면, 일면식도 없는 부동산 사무소에서 매물을 팔라고 연락한다면 권리금을 더 높게 말했을 수 있다는 것이다. 후자의 부동산 사무소를 통해 내가 매물을 전달받았다면 전자의 부동산보다 높은 권리금을 전달받을 수밖에 없다.

권리금을 부풀린 것

두 번째 이유로는 권리금을 부풀린 것을 생각할 수 있다. 오해의 소지가 없길 바라며 먼저 조심스럽게 이 이유를 거론해본다. 어차피 손님은 권리금을 깎을 것이기 때문에 부동산 사무소에서는 손님에게 원장이 이야기한 권리금보다 높은 권리금으로 이야기하고, 손님이 금액을 깎아달라고 하면 그때 금액대로 깎아주는 척하는 예전의 영업 방식을 고수하는 곳들도 아직 있을 수 있다.

물론 모든 부동산 사무소가 그렇다는 이야기는 절대 아니다. 정직하게 중개하여 운영하는 부동산 사무소도 많다. 하지만 일부 부동산 사무소에서 이렇게 영업을 해서 안 좋은 인식이 쌓이면서 고시원 시장 진입을 주저하게 만들기 때문에 예비창업자들이 부동산 사무소를 신뢰하지 못하는 것도 사실이다.

다시 한번 거듭 강조하지만, 모든 부동산 사무소가 그렇다고 오해해서는 절대 안 된다. 이렇듯 실제 권리금보다 훨씬 높게 부풀려서 고시원 중개 한 번으로 몇 천만 원의 수익을 올리기 위해 한탕주의식 중개를 한다고 판단된다면, 우리는 그 부동산 또는 그 담당자와 거래를 하지 않는 게 맞다. 고시원을 인수할 때 적지 않는 중개수수료를 지불하는데, 실제 권리금이 아니라 추가된 권리금까지 내야 하는 경우라면 구입자만 호구가 되는 것이다.

무엇보다 신뢰가 우선이다

인수하기 위한 매물을 구할 때 부동산 사무소의 도움을 받지 않고 매물을 찾기란 어려운 일이다. 그런데 자신만의 까다로운 기준과 조건만 내세운다고 해보자. 예를 들어 '총 자본금이 1억 원인데, 강남에 위치해 있고 올원룸과 방 개수 30실 이상으로 복도의 폭은 1.5미터 이상으로 신소방법에 맞게 건축되고 바깥에서 안으로 바람이 들어올 수 있는 외부로 난 창문의 비중이 80%가 넘으며 관리비가 없고 건물 임대료가 저렴하고 역에서 가까운 역세권 매물을 구한다'고 요청하고 이 조건만 내세우면, 부동산 사무소에서는 그런 매물이 없기 때문에 손님에게 연락을 준다고 하고 연락하지 않는 경우가 생긴다. 부동산 사무소에서는 이를 일컬어 흔히 '손님을 내친다'고 표현한다.

이 역시 모든 고시원 전문 부동산 사무소가 그렇지는 않다. 매물을 찾기 위해 거래를 시작하는 것인데 부동산 사무소를 너무 의심의 눈초리로만 본다면, 담당 중개사 역시 사람인데 기분이 좋을 리 없고 좋은 매물을 소개해주지 않을 것이다. 신뢰를 바탕으로 거래를 하되, 만약 타 부동산과 겹치는 매물을 소개하면서 권리금이 더 높다면 확인하여 내가 그 부동산과 거래하지 않으면 그만이다. 권리금은 결국 양도하려는 원장이 희망하는 금액이기 때문에, 인수하려는 사람이 수익률을 계산했을 때 받아들일 수 있는 금액으로 판단한다면 인수하는 결정도 필요하다. 지불하는 금액이 합당한 권리금인지를 잘 따져보도록 하자.

부동산 사무소에서 고춧가루를 뿌릴 수도 있다

고시원 부동산 시장에서 흔히 벌어지는 일이 있다. 그것은 바로 부동산 사무소에서 고춧가루를 뿌리는 일이 잦다는 것이다. 이때는 다음과 같은 과정으로 '일'이 진행된다.

A원장은 잔금까지 치르고 고시원을 인수하여 원장이 되었다. 그런데 고시원을 운영한 지 몇 달 안 되었을 때 한 부동산 사무소로부터 매물을 팔 생각이 없냐는 전화를 받는다. 이때 부동산 업자들은 자신이 이전 원장을 잘 알고 있다고 하거나 그 고시원도 몇 번 온 적이 있다고 아는 체를 하면서 권리금을 얼마 주고 들어왔는지 등을 물어본다. 이때 권리금 1억 원을 주고 들어왔다고 답할 경우 전화를 건 부동산 사무소에서는 이렇게 이야기한다.

"아, 거기 예전에 권리금이 8,000만 원까지 떨어졌던 곳이었는데……."

운영 중인 원장은 그 말이 사실인지 아닌지 모르지만 그 말을 듣고 기분 좋을 리 없을 것이다. 이 전화의 목적은 기존에 중개한 부동산 사무소와의 신뢰를 깨려고 하는 것이고, 전화한 부동산 사무소는 저렴하게 물건을 찾아줄 거라는 이미지 메이킹을 하는 것이다.

어찌 보면 이런 어처구니가 없는 일을 버젓이 하는 부동산 사무소를 나는 꽤 많이 봤다. 그런데 생각을 해보자. 전 원장도 잘 알고 방문도 몇 번 했다고 하고 권리금도 8,000만 원까지 더 저렴하게 떨어진 물건이라는데, 정작 그 중개사는 왜 여기 매물을 중개시키지 못했을까? 나는 이런 사람들을 만날 때마다 생각한다. 나에게 남 이야기를 하며 나쁜 소리를 하는 사람이 다른 사람에게 가서 내 이야기를 좋게 할 리 없다는 것이다. 이런 부동산 사무소에서 연락이 오면 나는 되려 이 부동산 사무소를 '내친다'. 전화번호를 아예 차단시킨다. 운영을 시작했으면 이제는 내 것이다. 잘되도록 최선을 다하는 것이 가장 중요하다.

4장

오토 시스템과 운영의 관계를 말하다

만실을 채우는
전략과 조건

고시원 만실의 요건

우리가 생각하는 아주 오래되고 낡은 전통 고시원을 인수받았다고 하자. 오프라인 마케팅도 온라인 마케팅도 하지 않고는 절대 만실을 채울 수 없다. 아니 현 상태로 마케팅을 진행한다고 해도 그것은 돈을 버리는 광고에 불과할 것이다. 만약 터무니없이 아주 싼 가격으로 월세만 겨우 내는 방식으로 이익 없이 운영한다면 만실을 채울 수 있을지도 모른다. 하지만 예전 방식으로는 운영이 어렵다. 분명 만실을 채우는 고시원에는 특별한 장점이 있다. 실제 예시를 통해 만실을 채우기 위해서는 최소한 어떤 조건을 갖춰야 하는지 알아보자.

고시원의 하드웨어는 깨끗한 시설

운영하는 고시원의 시설을 '하드웨어'라고 하고, 온라인 광고를 '소프트웨어'라고 해보자. 깨끗하지도 않고 낡고 오래된 하드웨어(시설)의 사진을 가지고 소프트웨어(온라인 광고)를 아무리 구동해봐도 방 문의는 그렇게 많이 오지 않을 것이다. 방 가격은 주변 경쟁 고시원들과 아주 크게 차이 나지 않지만 경쟁업체들의 하드웨어(시설) 자체가 더 깨끗하기 때문이다.

따라서 만실을 채우기 위한 첫 번째 조건은 내가 살고 싶은 방, 내가 살고 싶은 깨끗한 시설을 갖추는 것이다. 한 달에 5만 원 또는 10만 원을 더 주고 편의시설 옵션이 있고 방도 깨끗한 곳으로 가서 거주하고 싶은 게 사람 마음이다. 아무리 싸다고 해도 지저분하고 불쾌한 곳에서 살고 싶은 사람은 아무도 없을 것이다.

그다음으로 깨끗하게 시설을 갖춘 방 사진을 가지고 온라인 마케팅 홍보를 해야 한다. 요즘에 인터넷 검색을 하지 않는 사람은 거의 없다. 무언가를 검색할 때 가장 먼저 찾아보기 때문에 파워링크 광고 영역에 운영 중인 고시원을 유료 광고로 홍보하여 나의 고시원을 알리는 작업이 필요하다. 그 외에도 '룸앤스페이스'라는 플레이스 영역도 이용하고 1인 주거 플랫폼 '고방' 앱을 통해 역시 유료 광고를 해두면 도움이 된다. 이 모든 온라인 홍보를 할 때는 깨끗한 방 사진이나 시설이 먼저 뒷받침되어야 한다는 조건을 잊지 말자. 예전의 낡은 시설로 벼룩시장이나 전단지 광고만 의존하여 광고비를 집행한다면 돈을 쓰고도 큰 효과를 누리지 못할 수 있다.

고시원의 소프트웨어는 홍보와 마케팅

기본적인 온라인 마케팅 홍보를 세팅했다면, 무료로 할 수 있는 홍보 방법은 블로그에 글을 올리는 것이다. 나의 계정을 만들어 고시원에 대한 정보성의 글을 올리며 최소 8장 이상의 사진을 넣어서 제목에 검색했을 때 노출되길 희망하는 키워드를 넣어서 글을 등록해보자. 예를 들어 홍대에서 고시원을 운영 중이라면 제목에 홍대고시원 ○○○하우스'라고 넣는 것이 아니라, '홍대에서 가장 깨끗한 고시원 ○○○하우스 원룸텔 추천'이라는 식으로 작성하면 좀 더 많은 키워드에 노출될 확률이 높아진다.

포스팅 내용에도 제목 키워드와 관련된 검색어를 중간 중간에 넣어야 하는데, 정보성 글보다 광고성 글이 많다면 검색 로직에 걸려서 노출이 안 될 수 있으니 자연스럽게 정보를 전하는 목적의 글을 작성하는 게 좋겠다. 처음부터 포스팅이 상단에 노출되기는 쉽지 않지만 꾸준히 글을 작성하고 이웃친구도 만들고 소통하면 시간이 지나 힘이 있는 블로그로 거듭날 수 있다.

관건은 차별화다

하드웨어와 소프트웨어까지 완료되었다면 만실을 채우기 위해 차별화 전략이 필요하다. 주변 경쟁 고시원들에서 어떤 서비스를 제공하는지 파악해보고 입실자들을 위한 특별한 서비스를 고민하여 적용하면 전략이 생길 것이다.

예를 들어 복도에는 스타일러를 한 대 구비해두거나, 기본적인 세탁기 외에 비가 올 때나 눈이 올 때나 빨래하고 말릴 수 있도록 건조기를 설치해둔다거나, 밑반찬뿐만 아니라 국을 매일 제공하며 아침 점심 저녁 언제든지 먹을 수 있도록 비치하는 방법도 차별화 전략이라고 볼 수 있다.

대단한 전략이라고 생각하기보다는 운영자 입장에서 귀찮고 손이 많이 가는 일들을 제공하면 입실자들의 만족도는 올라간다. 이런 서비스들을 홍보를 통해 확인한 사람들은 다른 고시원에 살다가도 이동하거나 새롭게 방을 찾는 사람들이 입실 신청하는 경우가 많이 있으므로, 만실을 채울 수 있는 자신만의 고시원 운영 전략과 방법을 구상하여 적용하면 도움이 된다.

여기에도 오해하지 말아야 할 점이 있다. 반드시 무엇을 제공해야만 차별화 전략이 되는 것은 아니라는 것이다. 아무것도 제공하지 않아도 지역 1등 시설이라면 이 자체가 차별화가 된다. 크게 제공하는 것도 없는 일반적인 시설이지만 주변 고시원보다 방 가격이 저렴하다면 이 역시 차별화 전략이 될 수 있다. 아주 대단한 것만 차별화 전략이라고 생각할 것이 아니라, 주변 고시원과의 다른 점을 통해 입실자들의 만족도를 높이는 아이디어를 적용하는 것을 차별화 전략이라고 생각하면 좋다. 새로운 아이디어가 있으면 적용해보고 아니다 싶으면 다른 전략으로 바꿔서 운영하면 된다. 너무 어렵게 생각할 필요 없다.

입실자들의 불만이
줄어들다

사람 장사가 가장 힘들다

고시원을 운영한다는 것은 사람을 상대하는 일이다. 서비스업이라는 이야기다. 나 혼자서 청소하고 방을 세팅하는 것은 기본적인 부분이다. 일정 시간이 지나면 몸으로 자연스럽게 익숙해지는 기본적인 일은 줄어들고 나중에는 익숙해지기까지 한다.

반면, 좀처럼 익숙해지지 않는 일 중의 하나가 바로 사람을 상대하는 일이다. 사람을 상대하며 일을 해결해야 하는 상황이 자주 벌어지면 스트레스가 쌓이기 마련이다. 어떤 입실자들이 불만을 가지며 그 이유는 무엇인지 살펴보자.

별것 아닌 일에는 별것 아닌 것처럼 대응하라

고시원을 운영하며 겪은 여러 경험들 중 하나는 입실료를 미납하는 사람이 불만이 더 많고 방값을 저렴하게 깎아달라고 하는 사람 역시 불만을 토로하는 경우가 많다는 것이다. 그리고 아주 예민한 사람들이 공동 생활을 이해하지 못하고 자기 불편한 점들만 원장에게 이야기하는 경우가 참으로 많다. 실제 사례들로 간접 경험을 해보길 바란다.

한 입실자가 월세를 지불해야 하는 날 문자를 보내서 사정이 생겨서 일주일 뒤에 월급을 받으니 그때 지급하겠다고 요청해서 월세 기일을 연기해준 적이 있다. 그 다음날 그 사람이 문자를 보냈는데, 주방에 라면이 채워져 있지 않아서 밥을 못 먹었다는 내용이었다. 원장에게 기일에 맞게 월세를 지불하지 못하는 미안함은 뒤로 한 채 본인의 불편함만 토로한 것이다. 초보 원장 시절에는 이런 부분에 스트레스를 많이 받았다. 하지만 현재 프로 원장으로 최적화된 나는 맞대응을 한다.

반드시 지켜야 할 한 달 입실료를 미납한다거나 다중이용시설에서 개인의 불편함으로 지속적인 민원을 제기하는 일에는 완강하게 대응한다. "옆에 쌀이 있는데 왜 식사를 못 하십니까? 라면은 밥이 없을 때 대용으로 드시라고 제공하는 서비스지 식사를 라면으로 하라고 비치해두는 것이 아닙니다"라고 딱 잘라 말한다. 라면을 제공하지 않는 것도 아니고 앞서 다른 사람들이 다

먹어버린 경우인데, 이런 사소한 것까지 하나하나 들어주다 보면 스트레스가 극에 달하기 때문에 받아주지 않는다. 한번 들어주면 라면이 없을 때마다 밤이고 낮이고 나에게 문자를 할 것이 아닌가. "눈에는 눈, 이에는 이"라는 말처럼 대응해야 원장의 스트레스와 감정소모가 줄어든다.

바로바로 응대할 필요는 없다

다른 입실자는 전 원장은 복도에 빨래 건조대를 놓고 빨래를 말릴 수 있게 했는데 왜 못하게 하느냐는 불만을 말했다. 운영자 입장에서 새로운 사람들이 방을 보러 왔을 때 복도 전체에 빨래가 널려 있다면 냄새가 나는 것은 물론 비좁아 보이고 외관상 보기 좋지 않았다. 그래서 나는 소방법과 관련해 복도에 비치를 해두면 안 된다고 핑계를 대며 옥상에서 건조를 하라고 했다.

그렇게 했더니 그 입실자는 비가 오거나 눈이 오는 날이면 나에게 빨래를 대신 걸어달라고 전화를 걸어왔다. 본인은 직장에 있어서 빨래를 걸을 수 없다는 이유였다. 나는 고시원에 상근하지 않아서 곤란하다고 했더니 며칠 후 빨래 문제로 퇴실을 해야 할지 고민이 된다고 해서, 방 가격을 5만 원 할인해주고 그 돈으로 외부 세탁방을 이용하라고 했다. 5만 원의 비용으로 그 입실자와의 빨래 문제는 그렇게 조율되었다.

빨래 문제는 정리되었지만 이때다 싶었는지 이 사람의 불만은 멈추지 않았다. 전 원장이 있을 때는 겨울에도 난방을 강하게 틀어줘서 더워서 선풍기를 틀고 잘 정도였는데, 지금은 너무 춥다며 불평을 해왔다. 그래서 보일러를 더 가동했더니 어느 날은 또 날씨가 풀려 너무 덥다면서 불만을 전해왔다. 이런 입실자의 특징은 끊임없이 불만을 찾아낸다는 것이다. 물론 시정이 필요한 부분은 마땅히 조치를 취해주는 게 맞다. 하지만 이래도 불만 저래도 불만인 입실자에게는 바로바로 100% 응대할 필요 없다는 게 고시원을 운영하면서 터득한 나름의 노하우다. 나는 입실자에게 바로 이야기했다.

"얼마 전에는 춥다 하시더니 지금은 더운 겁니까? 날씨가 내일 다시 추워진다니까 괜찮아질 겁니다. 제가 외부에 있어 조정해줄 수 있는 상황이 아닙니다."

지금 바로 할 수 없다고 내 상황만을 간략히 전달하고 전화를 끊었다. 명심하자. 입실자의 불만에 바로바로 즉답할 필요는 없다. 이후 이 방에 살던 입실자는 어떻게 되었을까? 갑자기 지방으로 발령이 나서 내려가야 한다며 3주만 있을 수 있냐며 부탁했고, 나는 흔쾌히 그 부탁을 들어줬다. 나는 3주 후 정한 날짜에 따라 방의 짐을 모두 빼고 퇴실 완료가 되면, 처음 입실할 때 지불한 보증금 3만 원을 반환해줄 테니 계좌번호와 함께 문자를 달라고 전했다. 그런데 2주 조금 지났을 때 이 입실자로부터 문

자 한 통이 왔다. 갑자기 일주일 빨리 지방으로 내려오게 되었다
며 퇴실하겠다고 통보한 것이었다. 이 입실자는 방 안의 짐을 버
리지 못하고 왔으니 대신 버려달라고 했다. 어처구니가 없었다.
결국 내가 남은 일부 짐을 모두 버리고 쓰레기도 치우느라 고생
했다. 나중에 나 역시 그에게 남은 보증금은 청소비로 처리한다
고 문자로 간략히 통보했다.

'갑자기'란 말을 들으니 민원은 늘 '갑자기'였다는 생각이 들었
다. 그래서 나는 불만이 많은 사람은 오래 살지 않는다고 마음
편히 생각하기로 했다.

입실자들을 대할 때 명심할 것은 이곳은 '고시원'이지 '호텔'이
아니라는 점이다. 한 달 30만 원이 아니라 하루 30만 원을 받고
고시원을 운영할 수 있다면 당연히 호텔급에 걸맞은 서비스를
제공해주지 않을 원장은 없을 것이다. 실제 고시원 원장이 되면
누구나 느낄 수 있는 부분이다.

합당한 이유가 아니라면 듣지 말자

내가 운영하는 고시원에는 평균 40명이 넘게 거주하고 있다.
이런 불만을 제기하는 사람들은 소수다. 아주 소수의 사람만이
불만을 제기하며, 내 경험상 불만을 제기하는 사람이 또 다른 불
만을 제기하는 경우가 많다. 이들이 이야기하는 모든 조건을 다

들어줄 수는 없다.

앞에서 말했듯 나는 바로 해줘야 하는 합당한 이유가 아니면 구별해서 대응하고 최대한 내 선에서 맞추도록 조율하는 방법을 택했다. 어차피 이 고시원이 마음에 들지 않으면 언제든지 이동할 사람들인데, 한 명 한 명에게 모든 조건을 맞춰가며 스트레스를 받으면서는 이 일을 계속 할 수 없다. 나는 스트레스를 받기 위해서 고시원 사업을 시작한 것이 결코 아니다. 나를 존중하는 사람은 더 많이 존중하겠지만, 예의 없이 대하는 사람에게 조건을 맞춰줄 생각이 없다.

고시원을 운영하다 보면 때때로 강경하게 대해야 하는 경우도 있다. 이때 기준은 합당한 불평불만인지를 판가름하는 일이다. 합당한 이유가 아니라면, 과감히 귀를 닫자.

불만이 나오지 않는
방 관리 비법

처음이라 방 관리가 어렵다고 생각한다

고시원을 운영하게 되면 처음에는 방 관리를 어떻게 해야 하는지에 대한 고민을 많이 하게 된다. 지금까지 여러 개의 방을 관리해본 경험이 없기 때문이다. 방을 관리하면서 청소까지 어떻게 해야 할지 고민이 될 것이다. 고시원 방이 적어도 20실 이상에서 많게는 40실 이상의 매물이라면 더 복잡하게 생각할 수 있다. 하지만 어렵게 생각하지 말자. 정해진 틀에서만 움직여도 청소를 비롯한 방 관리는 쉽게 할 수 있으니 너무 걱정하지 않아도 된다.

청소하는 데 정해진 방법은 없다

'청소를 이렇게 해야 한다 저렇게 해야 한다' 같은 기준은 없다. 누가 봐도 깔끔하고 깨끗하게 정리되어 있으면 그것으로 끝이다. 그럼 어디서부터 어디까지 청소를 해야 하는지 궁금할 수 있다. 운영하는 고시원 현관 입구부터 동선에 따라 복도, 공용화장실이 있다면 화장실, 주방, 쓰레기 분리수거 공간 정도를 청소하면 된다. 쓰레기는 넘쳐나지 않도록 잘 비우고, 주방은 식사를 준비하는 공간이다 보니 바닥, 인덕션, 전자레인지, 싱크대, 정수기 등 주변을 깨끗하게 관리하고, 음식물쓰레기가 꽉 차기 전에 비워주면 된다. 너무 차서 버리면 냄새가 나기 때문이다.

방이 빠지면 사람이 살다 나갔기 때문에 창문을 열어 환기를 시킨다. 먼저 책상, 의자, TV, 냉장고 등을 청소용품을 이용해 깨끗하게 닦고 화장실도 깨끗하게 청소한다. 그다음에 방 바닥을 쓸고 걸레로 닦는다. 방이 2~3평 정도밖에 되지 않아서 금방 깨끗해진 것을 느낄 수 있다. 이후 침대 커버를 새것으로 교체까지 해두면 된다. 만약 벽면 도배 상태가 너무 안 좋다면 나는 도배를 새로 하고 손님에게 방을 보여준다.

방 개방은 입실 계약서 조항에 포함되어 있다

그럼 방 관리는 어떻게 해야 할까? 이 부분을 조금 신경 쓰면 운영에도 도움이 많이 된다. 인수할 때 전체 방에 사람이 살고 있지 않다면 모든 방을 열어보고 확인할 수 있지만, 총 방 개수에서 반 정도는 사람이 살고 있다면 빈방만 보게 될 것이다. 오래 거주하고 있는 방일수록 아마 상태는 좋지 않을 것이다. 원장이 방을 열어보면 입실해 있는 입실자에게는 부담이 될 수밖에 없다. 하지만 자주는 아니어도 합당한 명분에서 주기적으로 방을 개방하는 것을 반대할 수는 없을 것이다.

요즘 같은 코로나19 시대를 살고 있는 경우 미리 입실자들에게 전체 문자를 보내서 3일 후 소독을 진행한다고 공지하면서, 당일 방을 노크했을 때 방에 입실자가 없으면 방문을 개방하여 방역 소독을 진행한다고 알린다. 보건소에서 실시하는 소독이 아니라 원장이 직접 하는 소독으로, 약국에서 소독제를 구매한 후 101호부터 한 방씩 노크해서 소독을 진행한다. 이때 방에 사람이 있는 경우도 있고 출근해서 없는 경우도 있다. 살균 소독을 이유로 방을 열어 내부를 보면서 상태를 점검하고 관리하는 방법이다. 이렇게 하면 상태가 양호한 방부터 너무 청소를 하지 않아서 지저분한 방도 있는 것을 눈으로 확인할 수 있다.

지저분한 방의 사후 관리 방법

방이 너무 지저분한 호실은 확인했다가 문자를 보내거나 개별적으로 만날 때 내부 방은 입실한 사람이 직접 청소하는 것이 원칙이라고 이야기를 한다. 방 소독은 잘 했는데 방에 먹다 남은 과자봉지, 음식물 등이 있어서 벌레가 생길 수 있으니 신경 써 달라고 문자를 보내거나, 입실자를 만날 때 기분 나쁘지 않게 직접 이야기를 하는 것이다. 원장이 가끔 소독, 벌레퇴치 등의 목적으로 공지 후 방을 열 수 있다는 사실을 알려주면 사람 심리상 조금은 더 신경 쓰게 된다.

살고 있는 방을 자주 개방하게 되면 좋아할 사람은 아무도 없겠지만, 시설의 방을 관리하고 운영해야 하는 입장에서 우회적인 방법으로 확인하는 것이 방 관리 및 전체적인 고시원 관리에 도움이 된다. 아무리 운영하는 원장이라 할지라도 입실자의 방을 마음대로 열게 되면 그것은 주거침입에 해당하므로, 반드시 개방 전에 공지 문자 등을 통해 증거 자료를 남겨두거나, 처음부터 입실 계약서를 작성할 때 소독 등을 해야 할 경우 사전 공지 후 개방을 실시할 수 있다는 조항을 넣고 구두로도 한 번 더 설명해두는 것도 방법이 된다. 방을 관리한다는 것은 깨끗했던 방을 임대하여 유지시키는 것이므로, 앞으로도 잘 사용할 수 있도록 확인하는 데 그 목적을 두는 것이 맞다.

문자 메세지 내용 예시

[전달사항]

금일 전체 방 개방 후 방역 소독을 마쳤습니다. 코로나19 바이러스를 예방하고 벌레가 생기지 않도록 주기적으로 안내 후 관리하도록 할 예정입니다. 감사합니다.

[입실자 전체 공지사항]

안녕하세요. 고시원 원장입니다. 근래 소음 관련한 민원이 많습니다. 서로 근무 시간 등 패턴이 다르지만, 기본적으로 밤, 새벽에는 문 쾅 닫는 소리, 방 안 소음, TV 소리, 통화 소리 등으로 인해 옆방 타인에게 불편함이 없도록 서로 에티켓 부탁드립니다. 40명이 넘게 사는 공간으로 서로 배려해주시길 당부드립니다. 입실자 모두 즐거운 일만 가득하시길 바랍니다.

[○○○하우스 입실자 공지사항]

각 방 도어락을 교체한지 1년이 되었습니다. 한두 방의 문이 안 열리는 경우가 있는데, 터치불이 잘 안 들어온다면 안쪽 뚜껑을 오려 건전지를 직접 교체하셔야 합니다. 혹시 교체 전 터치해도 불이 안 들어오는 경우를 위해 카운더 앞에 9V 사각 건전지를 비치해뒀습니다. 도어락 앞에 접지하고 터치하시면 일시적으로 터치불이 들어오니 열고 건전지를 교체해야 사용 가능합니다. 사용한 건전지는 다시 제자리에 갖다놔주세요. 감사합니다.

이 방법 하나로
골치 아픈 미납 관리 끝

월세 미납은 발생할 수 있다

예비창업자들이 고시원 운영을 시작하게 되면 바로 잔금날부터 인수하는 고시원의 입실자들에게 한 달 월세(입실료)를 직접받게 된다. 월세는 주로 무통장으로 입금받거나 카드로 결제하지만, 현금으로 주며 영수증을 달라는 입실자도 있다. 처음 운영할 때는 방을 한 달 임대해주고 계약서도 작성하고 입금을 받은후 입실 금액을 받으면 되니 미납에 대한 걱정은 없다. 그러다가한 달 살던 계약자가 두 달을 살고 석 달을 살면서 정해진 날짜에 금액을 지불하지 않으면 그때부터 미납이 발생한다.

이유 없는 미납은 없다

나 역시 운영을 하면서 미납이 전혀 발생하지 않았던 것은 아니다. 사람이 살다 보면 개개인마다 이런저런 크고 작은 사정이 생기기 마련이라 영원히 나를 피해가는 미납은 있을 수 없다.

미납은 사소한 사정이 생겨 입실자가 원장에게 양해를 구하면서부터 시작된다. 그러나 좋게 말해 '양해'지 다르게 표현하면 '전가'를 하는 것이라는 생각이 드는 경우도 있었다.

실제 미납하는 입실자가 말하는 사정은 대개 이런 것이다. 본인이 월세를 지불하는 날짜는 10일이고 급여도 10일이지만 회사 사정이 좋지 않아 급여가 15일에 들어오니 그때 입금을 하겠다는 것이다. 이처럼 미납을 일으키는 가장 흔한 이유는 급여가 밀렸다는 것이다. 이런 사람들은 내 고시원에 살고 있는 기간이 한 달은 넘어서 나와 몇 번씩 원내에서 대부분 오며 가며 얼굴 보고 인사를 나눈 사이다.

또 다른 경우는 월세를 100% 안 내고 일부 금액을 늦게 주는 미납 아닌 미납자다. 이들은 정해진 월세를 지불하기는 한다. 그러나 월세가 35만 원이라면 제날짜에는 30만 원만 지불하고 5만 원은 일주일 뒤에 준다고 미룬다. 한 번에 완납이 아니라 왜 나눠주는 것인지 물어봤더니, 통장에 딱 35만 원만 준비했는데 어제 휴대폰 요금이 빠져나가는 바람에 그렇다는 이야기를 들었다. 그런 이야기를 들으면 나는 쓴웃음이 나온다.

정해진 규칙대로 운영하는 게 원칙이다

만약 원장이라면 이런 상황에 어떻게 미납을 처리할까? 처음에는 나도 이 공간이 사람이 사는 곳이고 충분히 일어날 수 있는 일이라고 이해하고 넘어갔다. 그러나 고시원 운영 3년 차인 지금은 아니다. 여러 번 비슷한 일이 반복되고 동일한 이유를 대는 미납자가 늘어나면서 스트레스는 모두 나에게 쌓일 뿐이다.

우리가 고시원 사업을 하는 이유는 돈을 벌기 위함이다. 쉽게 말해서 이 역시 엄연한 비즈니스다. 계약자들이 내가 운영하는 사업장에 방을 계약하고 선불을 내는 것이 당연한 약속인데, 그 기본적인 약속을 깬다면 한 번쯤 생각해봐야 한다. 입실자 사정을 일일이 다 봐주면서 미납을 용인한다고 생각해보자. 운영 중인 고시원에 방이 40실이라면 그 40인의 사정을 제각각 다르게 고려해서 저마다 정한 날짜와 사정대로 입실 금액을 받을 것인가? 이렇게 운영한다면 40인의 납입 날짜가 다 제멋대로일 것이다.

어떤 비즈니스든 시스템을 정했으면 그 시스템대로, 규칙대로 운영해야 효율이 올라간다. 고시원도 마찬가지다. 1차로 정한 월세 지급일을 고수해야 하는 이유가 여기에 있다. 한 명 두 명 각자의 사정을 이해해주다 보면 미납자는 계속 더 늘어날 뿐이다. 직접 운영해보면 알게 되겠지만, 미납을 하는 사람이 또다시 연속적으로 아니면 습관적으로 미납을 반복하는 경우가 대부분이다(이런 경우는 극히 소수다. 나는 이런 미납자를 '상습 미납자'라고 부른다).

계약서에 미납 처리 방법을 명시한다

그럼 미납은 어떻게 처리해야 하는가? 가장 먼저 계약서에 명시를 해두자. 명분이 중요하기 때문이다. 계약서 항목에 다음과 같은 내용이 기재되어 있으면 된다.

"기간 갱신의 의사 표현 없이 만료일을 무단 경과한 경우나, 입실 기간 만료 후 3일 이상 방값이 미납되면 관리인은 입실자의 동의 없이 언제든지 방을 열어 다음 입실희망자에게 방을 보여줄 수 있으며, 현 입실자는 강제 퇴실되며 입실자의 짐은 즉시 임의처분 합니다. 이에 동의하며, 이 조치와 관련된 모든 민형사상의 책임 및 비용은 사용료를 체납한 입실자가 집니다."

이 내용은 입실 후 발생할 수 있는 미납을 방지하기 위한 조항이다. 새로운 입실자라면 당연히 직접 보고 내용을 설명하면 되고, 기존에 살고 있던 입실자의 경우는 기존 원장이 사용하던 계약서로 작성을 했을 테니, 내가 만든 새로운 계약서로 모두 변경해서 작성하며 내용을 인지시켜주면 된다.

계약서에 미납 처리 방법을 명확하게 기재해두면 미납으로 인한 에너지 소모를 덜 수 있다. 계약서에 특약사항을 적어두는 자가 생존에 유리한 법칙이 여기서도 적용되는 셈이다. 나는 이처럼 '사각지대 없는' 빈틈없는 계약서에 직접 작성한 후 서명 날인해서 보관한다. 특히 중장기 거주자와 계약할 경우에 이 조항은 미납을 미연에 방지할 수 있어서 좋다.

그래도 여전히 사람이 먼저다

계약서만으로 사람 관계가 100% 정리될 수는 없다. 오래 보며 지냈던 입실자가 한 번도 미납한 적이 없었는데 급한 사정이 생겼다며 일주일 미루거나 갑자기 부모님 병원비가 필요해서 월세 낼 돈이 부족하다는 등 살다 보면 진짜 어쩔 수 없는 경우가 생긴다. 나 역시 이런 경우에는 기일을 연장해주고 유연하게 넘어간다. 너무 딱딱하게 굴기도 싫고 사람이 먼저라는 생각도 있기 때문이다.

다만, 이때도 두 번은 미납을 허용하지 않는다. 그런 경우는 특약 계약서를 다시 쓰자고 전하고 미룬 날짜를 일로 계산하여 하루 1만 원씩 일주일이면 7만 원을 추가로 지불할 의사가 있으면 미납을 하라고 전한다. 처음 미납자가 아니라 상습적인 미납자에게는 이 방법 또한 절대 허용하지 않는다. 이런 방법을 쓴 이후에는 나에게 미납을 해달라고 사정을 말하는 입실자는 한 명도 없었다.

고시원 같은 단기 거주 시설을 운영할 때는 미납과의 싸움 때문에 의외로 사람이 지치는 경우가 많다. 이때는 서로 얼굴 붉히거나 에너지를 소모하지 말고 계약서의 특약사항 하나로 해결하자. 펜은 힘이 세다.

고시원 운영,
50대 이상도 가능하다

은퇴를 앞두고 있다면

결론부터 말하면 당연히 가능하다. 고시원 창업을 생각하는 연령층을 보면 40대부터 50대가 가장 많다. 요즘은 경제적 자립을 토대로 억지로 해왔던 일을 그만두고 자신의 삶을 의미 있게 만들기 위해 자발적으로 일찍 은퇴한 파이어족들(FIRE, 'Financial Independence, Retire Early'의 약자)이 많아서 30대 원장들도 많이 있지만, 여전히 40대와 50대가 가장 큰 비중을 차지하고 있다. 실제 퇴직을 앞둔 50대 초반의 남성과 컨설팅을 진행하면서 50대 이상도 운영이 가능한지에 대한 질문을 받았다. 그 남성은 일을 곧 그만두면 퇴직금에 보태서 고시원 창업을 생각한다고 했다. 그는 다른 일은 해본 적이 없고 나이가 50세가 넘었는데 할 수 있을지 걱정이 앞선다는 고민을 털어놓았다. 나이에 상관없이 창업에 도전하는 사람은 누구든 겁도 나고 걱정이 되는 것은 당연하다. 하지만 50대라고 해서 고시원을 운영하지 못할 이유는 하나도 없다. 고시원은 자격증이 필요한 업종도 아니고 나이에 국한된 업종도 아니다.

기술과 자격증은 필요 없다

우리가 만약 요식업 분야로 창업을 한다고 했을 때 음식을 할 줄 아는 기술과 자격증이 필요하다. 반면, 고시원은 특별한 기술이 없어도 누구나 창업에 도전할 수 있다. 이미 고시원 운영 중인 50대 이상의 원장이 많이 있는데, 그 점이 50대가 충분히 운영 가능한 연령층이라는 것을 증명하고 있는 것이다.

고시원 창업을 고려하는 50대 분들은 고시원을 운영하면 아마 무거운 물건을 들고 힘을 많이 쓰는 일이 필요할 것 같다는 걱정을 하는 것 같다. 그런 염려와는 달리 고시원 일은 전혀 그렇지 않다. 입실자들이 살고 지낼 수 있게 관리하는 일이 대부분이다. 원내 청소는 깨끗하게 쓸고 닦는 일을 하는 것인데, 그 일을 못하는 사람은 없다. 쓰레기를 비우는 일 역시 단순하다. 일반쓰레기, 페트병, 깡통, 캔, 비닐, 종이박스 등을 비워주면 된다. 쌀, 라면, 김치 등을 채워주고, 세탁할 때 필요한 세제를 제공해주는 일이 내부적인 업무가 된다. 행정적인 부분은 입실 계약서를 작성해 보관해두고 문서를 통해 입금일(월세) 날짜를 확인하고 그 날짜가 되면 월세를 받으면 된다.

지출을 줄이고 싶다면 직접 하자

나와 비슷한 시기에 고시원을 창업한 50대 초반의 남자 원장은 방을 꾸미기 위해 도배나 장판을 직접 한다. 지출을 줄이기 위한 목적인데, 본인이 직접 할 수 있으면 그렇게 하면 된다. 만약 직접 하기 어렵다면 전문가에게 속 편하게 맡기면 된다. 방안의 방등, 샤워기, 세면대 폼업(물 내려가는 곳의 부품) 등만 교체하는 것은 누구나 할 수 있는 일이고, 여자 원장이라고 해도 처리할 수 없는 일이 아니다. 직접 운영하면 알겠지만, 1인 주거 공간으로 중기 또는 장기로 살고 있는 사람들은 40~50대 이상인 경우도 많아서 편의를 제공해주는 것도 중요하지만 운영하는 원장이 입실자 나이대와 비슷하다면 더 편하게 느낄 수 있는 장점도 있다고 생각한다. 비슷한 연배로 말 한마디 따뜻하게 주고받기도 좋고 어떤 상황에도 유연하게 대처하는 장점이 더 있을 수 있다고 본다.

이렇듯 고시원 운영을 생각하는 50대 예비 원장들이 갖고 있는 노련미와 대처 능력이 장점이 될 것이다. 또한 힘을 들이지 않고 할 수 있는 일이 대부분이어서 체력적인 소모가 적다는 것과 특별한 기술 없이도 운영을 할 수 있는 점이 있다. 그리고 근면 성실한 생활 패턴이 장점이 된다. 고시원 시장에 진입하려는 20~30대 연령층에 비해서 투자 자금 여력도 높다는 것이 고시원 창업에 중요한 요인으로 작용한다.

불가능이라고 생각하는 순간부터 불가능하다

핵심 질문으로 돌아가보자. "50대 이상도 운영이 가능한가요?"라는 질문을 바꿔서 해보면, "50대 이상은 운영이 불가능한가요?"가 된다. 전혀 그렇지 않다. 50대에 창업을 한다는 것은 퇴직 후 새로운 도전을 하는 경우가 많다고 봐야 할 것이다. 매달 들어오던 월급이 사라지는 상황에서 현금 흐름을 만들기 위한 목적에서 고시원 창업에 도전하는 상황일 것이다. 50대 예비 원장들의 생각을 들어보면 대개 아내와 같이 하려는 경우도 종종 있다. 좋은 생각이라고 생각한다. 서로 의지하면서 일하는 것은 매우 긍정적인 일이다.

주변에 퇴직 후 편의점 창업을 하고 부부가 같이 일을 하는 분이 있다. 편의점의 경우 본인이 일해서 인건비를 벌어가는 구조로 아르바이트생을 쓰면 부담이 되다 보니 부부가 서로 교대하며 일을 한다. 같이 일한다고 하지만 서로 같이 보낼 수 있는 시간은 없다. 고시원 창업은 50대 이상의 부부가 동시간대에 나가서 같이 정리하고 치우고 일을 마무리하면 서로 같이 보낼 수 있는 시간이 아주 많아진다. 시간적인 여유를 주는 사업으로 50대 이상의 사람들에게도 아주 좋은 사업이고, 50대 이상도 충분히 고시원 운영이 가능하다.

여성 혼자 운영할 때
필요한 마인드

나도 처음에 여성 원장과 상담했다

　내가 처음 고시원 사업을 생각하고 운영에 대한 간접 경험을 듣기 위해 만난 분이 여성 원장이었다. 그래서 나는 되려 남자인 내가 잘 할 수 있을지를 먼저 생각했다. 여성이 운영할 수 있을지에 대한 생각은 해본 적이 없었다. 상담을 해주신 여성 원장은 어머니가 원룸텔을 오래 운영하고 계셔서 자연스럽게 이쪽 분야의 사업을 어떻게 운영하는지 지켜봤기 때문에 운영하며 벌어지는 이런저런 사소한 문제들은 크게 생각하지 않고 처리만 잘하면 된다는 마인드를 가지고 있었다.

본인만의 운영 방법을 찾으면 된다

아마도 여성 혼자서 운영이 가능한지 고민하는 이유는 밤에 혹시라도 사고가 생기거나 만취한 입실자가 해코지를 하는 것 같은 돌발 상황 및 위험 상황에 대한 걱정 때문일 것이다. '혼자서'에 대해 설명하자면, 혼자서 업무를 처리하는 데 아무 문제가 없다. 아니 장점도 많다. 관리를 잘하는 남성들도 많지만, 여성들이 대부분 주방 청소, 방 청소 및 정리 등을 더 꼼꼼하고 깔끔하게 하는 편이다. 이 점은 운영할 때 큰 장점으로 볼 수 있다.

그렇다면 무거운 물건을 들거나 폐기물을 치우는 일은 없을까? 입실자들이 분리수거통에 담아둔 것을 처리하는 것과 쌀, 라면, 김치 등을 주방으로 옮겨서 담아두는 일이 있다. 여성이어서 이 정도 일을 혼자서 하지 못할 이유는 없다. 만약 비품 조립, 인터넷 TV 연결, 전구 교체 등을 어떻게 해야 할지 고민이 될 수도 있지만, 이런 일들은 운영하면서 아는 지인의 도움을 받아서 옆에서 한 번만 보고 들으면 금방 익힐 수 있어서 먼저 걱정하지 않아도 된다. 혹시 직접 하기 어렵다면 동네 철물점에 가서 물어보면 어디든 동네 맥가이버 아저씨들을 소개해준다. 간단한 작업들이라면 1만~3만 원 정도 지불하면 웬만한 일은 다 해결해주니 필요할 때 이렇게 처리하는 것도 방법 중 하나다.

여성이냐 남성이냐보다는 경영하는 원장이 먼저다

고시원에 사는 사람들이 여성에 비해 남성의 비중이 높은 것은 사실이다. 여성으로 남성과 대면하여 운영하는 일이 만만치 않을 것이라는 처음 걱정은 충분히 이해된다. 그런데 중요한 것은 바로 입장 차이다. 나는 이 고시원을 운영하는 여성 원장이고, 원내 입실하여 사는 사람들은 나에게 매달 월세를 지불하고 살고 있는 임차인이라는 점에서 서로의 입장이 다르다. 갑을관계를 따지자는 것이 아니라 그들에게 나는 자연스럽게 건물주와 같은 효과를 줄 수밖에 없다. 그렇기 때문에 여성이라고 걱정할 것이 아니라, 나는 운영하는 원의 장이며 내가 허락해서 계약하고 방을 임대해준다는 사실을 잊지 말자. 그렇기 때문에 남자든 여자든 원장을 가볍게 생각할 수 없게 된다.

문제해결 능력은 경험이 만들어준다

고시원 운영업은 혼자서 하는 것도 당연히 가능하고, 여성 혼자서 운영하는데도 전혀 문제없다. 여자여서 입실자들이 나를 쉽게 대하지는 않을지, 어떤 이야기를 하거나 민원을 해결하기 위해 전화하면 내가 여성이어서 입실자들이 내 말을 잘 들어줄지 등의 걱정은 이제 하지 않아도 된다. 운영하면서 사소한 일들을 처리하고 시간이 어느 정도 지나면 경험과 노하우들은 자연스럽게 생기게 되고, 어떤 문제가 발생하면 자연스럽게 처리하는 스킬까지 생기게 될 것이다.

참고로 고시원 전문 부동산 사무소를 통해 들었는데, 고시원 9곳을 운영하는 사람이 있다는 이야기를 들었다. 궁금해서 그 사람이 남성인지 여성인지 물어본 적이 있었다. 그에 대한 대답은 50대 여성이라는 것이었다. 부동산 사무소에서는 이어서 그 고시원에 가보면 복도부터 아주 깔끔하고 깨끗하다는 말을 덧붙였다. 이제 여성이라고 걱정하지 말자.

고시원에 사는
사람들이 궁금하다

고시원에 대한 이미지

'고시원에 사는 사람?'이라고 하면 머릿속에 어떤 생각이 먼저 드는가? 50대 후반의 여성과 고시원 창업에 관한 상담을 진행했는데, 그분의 가장 큰 고민은 아들의 반대라고 했다. 20대 초반의 아들은 고시원 사업을 해보려고 한다는 엄마의 말에 대뜸 이 말부터 했다고 한다.

"고시원 같은 곳에 누가 살아? 엄마 절대로 고시원 사업은 하지 말아요."

내 아내 역시 처음에는 이 사업을 반대했을 만큼 고시원이라는 단어가 주는 '고정관념'이 있을 것이다. 고시원에 살아본 적이 없고 운영해본 경험이 없다면 더더욱 그렇게 생각할 수 있다.

2019년 OCN에서 10부작으로 방영한 드라마 〈타인은 지옥이다〉는 고시원을 배경으로 한다. 웹툰을 원작으로 한 이 드라마는 서울에 올라온 한 청년이 낯선 고시원 생활을 하면서 고시원 이웃(타인)들이 만들어내는 지옥을 경험하는 미스터리 스릴러물이었다. 매체에서 고시원을 이렇게 소비할 정도로, 고시원에 대한 선입견과 고정관념은 어둡고 음침하다.

이 외에도 가끔 뉴스에서 1평짜리 고시원 시설이 열악하다는 이야기나 고시원에 불이 난 이야기 등 고시원과 관련한 안 좋은 소식도 심심찮게 들어본 적이 있을 것이다. 이는 고시원에 대해 편중된 이미지일 뿐이다. 집값의 고공행진 탓에 고시원을 원룸이나 아파트 대신 자취방의 느낌으로 여기는 쪽으로 트랜드가 바뀌는 추세고, 각자 경쟁력을 갖추기 위해 부분 인테리어 리모델링을 해서 깔끔하게 운영하는 시설도 많이 생겼다. 고시원은 입실자들의 개인 사정에 따라 공간을 제공하고 있으며, 위치, 주변 입지, 교통편에 따라 고시원 시설은 충분히 차이 날 수 있다.

고시원에는 누가 살까?

고시원의 수요자라고 하면 직장인, 대학생, 시장 상인, 병원 환자 가족, 실습생, 외국인, 1인 수요, 현장 일용직 근로자, 기초생활수급자, 단기 거주자 정도로 구분할 수 있다. 요즘은 배달하는 라이더나 택배 업종의 일을 하는 사람들이 많이 늘어났다.

현재 내가 직접 운영 중인 고시원을 실제 예를 들어 설명해보 겠다. 내가 운영 중인 고시원은 신당역 주변에 위치하고 있지만, 동대문역과 도보로 5분 정도 걸리는 가까운 거리에 있다. 입실 자 60% 정도가 동대문에 직장을 두고 있으며 밤 또는 새벽까지 근무하고 퇴근하는 이들이 대부분이다. 주변에 큰 시장이 있어 서 장사하는 사람도 거주하고 있고, 현재 코로나19 때문에 여행 객인 외국인 수요는 없는 상태지만 외국인 대학생이 학교를 다 니기 위해 입실해 있기도 하다. 만약 대학생들이 주 수요층이 되 는 대학 상권이었다면 코로나19로 인해 지난 2년간 타격이 컸겠 지만, 우리 고시원은 시장 상인의 수요가 꾸준한 덕분에 현재도 95% 방을 채우고 있다.

고시원이 몰려 있는 대표적인 곳

고시원 하면 가장 먼저 떠오르는 지역은 노량진이었다. 각종 국가 시험 및 공무원 시험을 준비하는 준비생들이 모여 살고 학 원도 많았기 때문이다. 코로나19 확산으로 학원 등 집합 장소들 이 영업에 어려움을 겪으면서 폐업한다는 뉴스를 접했을 것이다.

물론 코로나19로 타격을 보지 않은 업종은 적지 않고, 우리나 라뿐만 아니라 전 세계 사람들이 힘든 시간을 겪고 있는 것이 현실이지만, 고시원만큼은 사람들이 잠을 자고 씻을 수 있는 주거로 사용하는 공간이어서 코로나19 직격타를 그나마 피할 수 있는 업종이었다.

오래전부터 중요한 시험을 준비해왔거나, 지방에서 올라와 공부하며 거주를 해야 한다면 의식주를 해결할 공간은 당연히 있어야 한다. 지역의 특성상 노량진이 이 설명에 해당하는 수요처에 가깝다고 볼 수 있다. 또 다른 지역은 대학병원 근처를 예로 들 수 있다. 큰 대학병원이 있고 환자 보호자의 경우 단기 방을 찾는다면 주 또는 월 단위로 입실과 퇴실이 자유로운 고시원을 이용할 수 있다. 또는 간호실습생인데 집과 거리가 먼 곳에서 실습하게 되어 지방에서 서울로 올라왔다면 실습하는 한 달 정도 기간 동안 머물 수 있는 곳을 찾기도 한다.

고시원은 교통이 편리한 곳에 위치해야 좋다. 건대입구역처럼 7호선과 2호선이 있고 강남역과 잠실역까지 지하철을 타고 한 번에 이동할 수 있어야 직장인 수요도 생길 수 있는 것이다.

외국인이 많이 모여드는 지역도 고시원이 위치하기 좋은 곳이다. 대표적인 곳이 홍대입구역이다. 홍대는 외국인 수요뿐만 아니라 유동 인구가 굉장히 많은 지역이며 젊은 1인 수요층이 많다. 이처럼 고시원을 선택할 때는 하나의 수요층을 보기보다는 여러 대상을 보고 매물을 선택해야 한다. 고시원에 어떤 사람들이 살고 있는지를 알면 창업을 했을 때 어떤 수요층이 나의 대상이 되는지 생각해볼 수 있다. 또 주변에 공사현장이 있다면 일용직으로 현장 근무하는 사람들도 수요층이 될 수 있다. 큰 보증금이 부담스러워 방을 찾는 사람이나 1년 계약이 아닌 한 달씩 계약을 원하는 사람 역시 마찬가지다.

고정관념을 버리는 것부터 이 사업의 출발점이다

고시원을 운영하기 전에 정장 차림의 깔끔한 직장인만 입실자로 받고 싶다고 생각하고, 기초생활수급자는 받고 싶지 않다고 생각할 수 있다. 하지만 이는 잘못된 생각이다.

직장인의 경우 직장을 옮기면 퇴실하게 되고 방 청소 및 관리를 더 많이 해야 한다. 반면, 기초생활수급자의 경우 상대적으로 장기 거주하는 경우가 많고, 수급 대상자로 지원금을 받아 월 입실료를 지불하기 때문에 미납 스트레스를 덜 받기 때문이다.

앞서 살펴본 것처럼 지역과 입지 등에 따라 운영하는 고시원에 사는 사람들이 각기 다르다. 고시원은 결국 사람이 사는 곳이고, 한 달씩 방 가격을 받고 임대해주는 서비스업이다. 〈타인은 지옥이다〉 드라마에 비춰졌던 음침한 사람들이 떠오르는 고시원에 대한 생각에서 벗어나 '고정관념'을 깨는 것이 이 사업의 출발점이 된다.

남자 층과 여자 층
분리는 반대

남성 층과 여성 층 분리 운영에는 반대한다

고시원 원장이 되고 나면, 처음에는 운영하는 공간에 남자 층과 여자 층을 분리해서 운영하면 더 편할 것이라는 생각을 하게 된다. 물론 여성들만 있는 층이 있고 여성 전용 주방에 여성 전용 세탁기까지 있다면 당연히 여성들이 방을 선택할 때 편리함과 안정성 면에서 유리한 점이 있다. 그러나 막상 운영을 해보면 운영하는 입장에서는 개인적으로 반대한다고 말하고 싶다. 고시원에 거주하는 성별 중 남성의 비중이 비교적 많기 때문에 그렇다.

입실자 비중은 남성이 7, 여성이 3이다

여성들이 많이 있는 지역에서는 여성만을 위한 고시원을 운영하는 경우가 있다. 예를 들어 대학가 앞의 고시원인데 여대 앞이어서 여성 전용으로 운영을 하는 것이다. 그러나 일반적인 경우에 총 4개 층이라고 가정했을 때 두 개 층은 남성 전용, 두 개 층은 여성 전용으로 구분했다고 해보자. 그럼 남성 층부터 먼저 방예약이 완료될 것이다. 그럼 두 개 여성 층에는 몇 명의 여성이 입실해 있다면 계속해서 여성으로 방을 채워야 한다. 남성의 문의가 있어도 여성 층으로 방을 제공해 줄 수 없고 여성의 문의가 없다면 공실로 남겨둔 채 운영을 이어가야 한다는 것이다. 차라리 최대한 한 개 층은 여성 위주로 방을 제공한다고 공지하고, 입실자들이 불편하지 않도록 남성 방이 차면 빈방을 추가로 남성에게 제공하여 혼합으로 이어가야 한다고 설명하는 편이 낫다.

실제 운영을 해보면 안다

내가 컨설팅을 한 원장은 강남에 고시원을 오픈했는데, 실제로 2주 만에 남성 층이 만실이 되었다. 이 원장은 남자 층과 여자 층을 분리하고 싶어 했고, 20대부터 40대까지의 연령층으로 방을 채우는 것을 계획했다. 이 두 가지 점에 대해서도 조언을 했다(내가 컨설팅을 한다고 해도 이런 영역처럼 원장이 결정해야 하는 부분을 내가 대신 결정을 내리거나 좌지우지하는 것은 아니라고 생각한다).

운영하다 보면 젊은 사람들이 상대적으로 나이가 있는 사람들보다는 장기 거주가 아닌 단기로 이동하는 경우가 있다. 그리고 여성 층을 구분했을 때 남성 층이 차 버리면 방을 제공하기 어려워서 만실이 되는 데 시간이 더 걸릴 수 있다고 전했다. 하지만 창업을 시작한 원장의 뜻이 완고해서 일단 진행을 해보고 상황을 보기로 했는데, 역시 내 예상이 틀리지 않았다. 남성 층은 2주 만에 만실이 되었지만, 여성 층이 차는 데 시간이 걸려서 여성 층은 아직 5개실 정도가 공실로 있다.

참고로 요즘 배달의 시대여서 젊은 사람들이 라이더 일을 많이 하는데, 강남에 특히 라이더들이 고시원을 이용하는 경우가 많다는 사실을 알게 되었다. 차 3대 정도 주차할 수 있는 공간을 라이더들이 주차할 수 있는 곳으로 비워두니 입소문을 타고 일하는 사람들에게 전해져 추가 입실자가 생기는 모양이다. 라이더 역시 여성이 아니라 남성의 비중이 현저히 높다. 따라서 수요층에 따라 방을 채울 수 있는 여건을 만드는 게 먼저 중요하다.

만실의 확률을 높여라

만약 여성의 방을 더 채우는 전략을 세우고 싶다면, 다른 전략을 쓰는 것을 추천한다. 예를 들어 층별로 성별을 구분하기보다는 여유 공간에 여성 전용 주방을 따로 설치하거나, 여성만 사용할 수 있는 세탁기나 건조기를 설치하거나, 밥과 라면 외에 시리얼, 원두커피, 빵 등을 제공하는 것 같이 차별화되고 입맛에 맞는 서비스를 제공하는 방법이 더 낫다고 생각한다.

어차피 방에 들어가면 자신만의 공간이 되어 타인의 제약을 받지 않기 때문에 공용 공간에서 편의를 제공한다면 입실자들의 만족도를 높일 수 있고 운영하는 입장에서도 만실을 채우는 확률이 더 높아질 것이다.

오토 시스템으로 하는 운영의 장점

오토 운영의 장점

고시원 창업을 매력적으로 생각하게 만드는 요소 중에 대표적인 것이 바로 오토 운영이 가능하다는 것이다. 동일하게 사업을 시작한다고 했을 때 내가 일하는 시간을 많이 들이는 것보다는 당연히 시간을 자유롭게 쓸 수 있는 일을 마다할 사람은 없다. 우리가 아는 오토 점포를 떠올려 보면, 오토 아이스크림, 오토 문방구, 오토 셀프빨래방 등이 생각난다. 그런데 이들 사업의 공통점이 있는데, 그것은 뉴스에서 이런 오토 점포에서 물건을 도난당했다는 보도가 수차례 보도된다는 것이다. 심야에 오토 셀프빨래방에 들어와 자리를 잡고 술을 마시는 사람들 때문에 점주의 속은 타들어간다고 한다. 오토라는 취지와는 전혀 다르게 운영되고 있는 상황인데, 주인 없이도 타인의 손을 타지 않고 자동으로 돌아가야 오토 운영이 가능하다고 말할 수 있다.

오픈 및 마감 시간이 따로 없다

그럼 어떻게 오토 운영이 가능한가. 가장 먼저 이야기할 수 있는 점은 매장 운영과 비교해보면, 고시원은 오픈 시간 및 마감 시간이 정해져 있어서 그 시간에 맞춰 문을 열고 닫아야 하는 업종이 아니라는 것이다. 개인 사업이어서 더 많은 시간과 노력을 쏟아야 한다는 고정관념에서 벗어난다.

고시원은 분명 24시간 운영되고 그 공간에는 사람들이 살고 있다. 그렇다면 내가 매일 9시에 출근해 6시에 퇴근해야 할까? 절대 그렇지 않다. 이미 여기서 절반은 자동으로 오토 사업을 할 수 있다는 강점이 있다. 나머지 절반은 고시원 구조 자체가 시설을 임대하는 임대 사업과 유사하기 때문에 가능해진다. 고시원은 임대 사업은 아니지만 시스템만 갖춰놓으면 분명 임대 사업과 가장 유사한 사업이라고 거듭 설명한다.

처음에 인수하고 나면 한두 달은 손에 일이 익숙해지고 고시원의 운영사항을 파악하는 시간이 필요하다. 그 일 자체도 어렵지 않다. 그 일은 하루 동안 고시원이 돌아가는 사항을 파악하고 주마다 월마다 어떤 일을 내부적으로 처리할지 정하고 시설을 관리하는 것이다. 이 일들을 정리하면 결국 입실자들이 고시원에서 편하게 지낼 수 있도록 지원하는 것이다. 내부 청소가 잘 되어 있어서 쾌적한 환경이 조성되어 있는지, 입실자가 밥을 먹기 위해 주방에 갔을 때 쌀과 라면 등은 채워져 있는지, 빨래를 할 때 세제가 없지는 않은지 등 운영 경험이 쌓일수록 자연스러운 루틴이 생겨서 일을 처리하기 수월해진다.

이렇게만 시스템을 갖추고 운영해도 일주일에 2~3일 정도만 잠시 나와서 청소하고 정리하면 된다. 내가 자리에 없는데 방을 보러 오면 어떻게 할까? CCTV를 활용할 수 있다. 예를 들어 실시간으로 CCTV 화면을 보면서 전화로 손님에게 빈 방을 안내하고 방을 볼 수 있도록 도어락 비밀번호를 알려주는 것이다. 화면을 통해 방 확인하는 모습을 확인한 후, 만약 바로 계약하겠다고 하면 책상 위에 미리 비치해둔 입실계약서를 직접 작성한 후 사진을 찍어 문자로 받고, 계좌로 월세와 보증금을 포함한 금액의 입금을 확인한 후 방을 사용할 수 있도록 세팅을 해놓으면 된다.

원내 총무와 청소 용역이 있어야 완전한 오토 운영 가능

그렇다면 100% 오토 운영을 하려면 어떻게 해야 할까? 그것은 원내 총무와 청소 용역을 둬야 가능하다. 총무는 원내 입실자 중 총무를 두는 경우가 있고 면접을 통해 고용할 수도 있다.

총무에게 청소까지 맡기는 것이 아니라 내가 할 일을 대신 처리할 수 있도록 알려주고 방을 보여주는 역할을 맡긴다. 청소 용역도 업체와 계약을 하고 주6일 또는 주3일 등의 단위로 청소를 하도록 협의할 수 있고, 운영 고시원의 평수와 층수에 따라 업체에 지급하는 금액이 다르다. 총무와 청소 용역을 이용하면 지출이 그만큼 발생하니까 순수익이 줄어드는 것은 감안해야 한다. 이렇게 운영하는 경우라면 일주일에 몇 번이나 나가야 할까? 일주일이 아니라 한 달에 한두 번 나가도 될 것이다.

내가 먼저 알아야 지시도 할 수 있다

오토 시스템을 갖춰놓고 입실 전화는 원장인 내가 직접 받을 것인지 아니면 총무에게 맡길 것인지를 결정하면 된다. 다만 어떤 사업이든 내가 내부 돌아가는 사정을 다 알고 업무를 맡겨 지시하는 것과, 전혀 모르는 상태에서 일을 맡기는 것은 천지 차이가 난다. 오토 시스템이 100% 가능하도록 총무를 활용하는 것일 뿐이다. 주인은 나다. 돌발 상황이나 문제가 생겼을 때 총무는 내게 어떻게 해야 할지 물을 것이기 때문에, 처음에는 직접 청소도 해보고 입실자들과 아이 컨텍트도 하며 웃으면서 인사도 나누고 내가 원장인 것도 알려주자. 돌아가는 사항을 파악하고 외주 인력을 활용해도 늦지 않다.

고시원에도 있는
충성 고객

충성 고객? 결국 장기 입실자가 중요하다

업종에 따라 충성 고객을 만드는 방법이 다를 것이다. 만약에 음식점이라면 그곳에 가야만 맛볼 수 있어서 계속 방문하거나 사장님과 친해져서 자주 방문한다면 충성 고객이 생겼다고 할 수 있다. 그러나 고시원 업종은 주거 공간으로 24시간 나의 짐을 보관해두고 내가 잠을 자고 씻고 여가 시간을 보내는 곳이다. 따라서 지내면서 편안함을 느끼고 충분한 편의시설이 갖춰져 있는 상황에서 운영하는 원장과 소통이 잘된다면 충성 고객이 만들어진다.

사람 관계에서 가장 중요한 것은 소통이다

고시원의 충성 고객을 만들려면 원장과 입실자 사이의 소통이 가장 중요하다. 그런데 그 소통을 자세히 들여다보면, 대부분 입실자 입장에서의 요청과 민원에 가깝다고 할 수 있다.

계절에 따라 다음과 같은 민원을 받게 된다. 여름철 각 방에 개별 에어컨이 있다면 상관없겠지만, 사무실에서 공용 에어컨을 직접 가동시켜야 하는 중앙(닥트) 시스템이 있는 고시원이 있다. 매일 동일한 시간에 가동하는 불편함을 해소하고자 타이머를 설치해서 운영하는 곳이 많은데, 온도를 시원하게 맞춰서 만족도를 올리는 것이 최우선이다. 날이 더워지는 시점에 미리 에어컨을 가동시키고 겨울철에 보일러를 틀어서, 여름에는 시원하고 겨울에는 따뜻한 고시원이라는 인식을 심는 것이다.

내부 부대시설이 아무리 잘 되어 있어도 입실자에게는 내 방이 춥고 따뜻한 문제보다 더 큰 것은 없다. 에어컨과 보일러를 좀 더 가동한다고 해서 금액상 아주 크게 차이 나는 것도 아니다. 지출을 아끼면 좋겠지만, 운영비를 좀 더 써서 입실자들이 만족해서 퇴실하려고 하다가도 몇 달을 더 살게 된다면 운영자 입장에서도 좋은 운영 방법이 된다. 나는 운영하면서 '쓸 때는 쓰자'라는 생각을 갖고 있다. 나의 고객인 입실자들이 지내는 데 절대 불편함이 없도록 하자. 그리고 작은 것에 민심을 잃지 말자.

불편함이 없도록 바로 처리해주는 자세

다음은 합당한 불만사항을 들었다면 상대방의 말에 귀를 기울기고 '즉각 대응해주는 자세'가 중요하다. 고시원은 방음이 좋지 않아서 늦은 밤 옆방의 TV 볼륨 소리가 크다거나 방 안에서 오래 통화하면 주위 사람들에게 불편함을 주게 된다. 그리고 방문을 습관적으로 꽝꽝 크게 닫으면 자다가도 놀라는 경우도 있는데, 원장이 중간에서 기본적인 에티켓을 부탁하며 조율해주면 문제가 쉽게 해소될 수 있다.

어떤 민원을 이야기할 때 입실자의 말에 귀를 기울여주고 처리해주면, 자신에게 신경을 써줬기 때문에 불편했던 마음도 고마움으로 바뀌게 된다. 고시원에 사는 사람들 중에는 일이 없어서 기초생활수급자를 신청해서 지원받는 경우도 있다. 주민센터에 기초생활수급자를 신청하기 위해서는 원장이 작성한 실거주확인서가 필요한데, 상대방 입장에서는 당장에 시급한 문제일 수 있다. 요청을 받았을 때 자리에 없다면 다음날이라도 바로 준비해서 작성하도록 하자. 모든 일을 내 일처럼 여기고 처리하자. 어려운 일도 아니지 않는가.

나는 사소한 일도 즉각 처리한다. 방이나 화장실에 등이 갑자기 나갈 수도 있다. 갑자기 저녁에 방 불이 꺼지면 얼마나 불편하겠는가. 시설의 한 공간에 이런 소모품들을 비치해두고 연락이 오면 직접 가져갈 수 있도록 준비해둔다. 결국 입실자에게는 내가 시설을 운영하는 주인이다. 이런 일은 미리 준비해서 대처하고 처리하면 된다. 이런 일 처리는 능력이 아니라 상대방을 배려하는 마음에서 시작한다. 전입신고가 가능한지 묻는 경우가 있다. 물론 가능하다. 실거주 확인서를 원장이 작성해 전달해주면 입실자는 직접 주민센터에 가서 신청하면 된다.

실거주 확인서

소재지	서울시 중구 ○○○ ○○○	
시설명	○○하우스	
임차인 (거주자)	성 명	
	주 소	서울시 중구 ○○○ ○○○
	생년월일	
	연 락 처	
거주기간	20 . . ~ 20 . . (현재 거주 중)	
임대료	월 원 보증금	
비고	입실 호수: 호	

위 임차인이 상기와 같이 거주하고 있음을 확인합니다.

20   년   월   일

임 대 인 (확인인)

성명 (상호/단체명)	○○하우스 (인)	
주소 (소재지)	서울시 중구 ○○○ ○○○	
사업자등록번호 / 종목	879-19-0000 / 고시원	
연락처	02) 2233-0000	담당자 성명: ○○○ (인)

1) 월 임대료 또는 보증금은 해당사항이 있는 경우 금액 기재 (해당사항 없는 경우 '해당없음' 기재)
2) 사업자등록번호는 단체고유번호, 법인등록번호 등 기재

* 주거급여법 제24조에 따라 속임수나 그 밖의 부정한 방법으로 주거급여를 받거나 타인으로 하여금 주거급여를 받게 한 사람은 1년 이하의 징역 또는 1천만원 이하의 벌금에 처함을 알려드립니다.

따뜻한 말 한마디에 마음이 열리는 법

원장과 입실자들 간의 상호 소통이 잘되면 일정 시간이 지나면서 서로 간의 신뢰가 쌓이고 충성 고객이 자연스럽게 만들어진다. 매일 사용하는 세탁기는 잘 작동되는지, 주방 정수기의 필터 교체일은 언제인지, 전자레인지는 깨끗한지, 쌀통에 쌀은 비어 있지 않은지, 라면은 제대로 잘 채워져 있는지 등을 확인하는 것이야말로 입실자를 생각하는 원장의 마음이라고 생각한다. 결국 이런 모든 행동이 입실자들이 생활하는 데 불편함은 없는지 신경을 쓰는 것이다.

직접 말하지 않아도 모든 것들이 통하면 입실자들이 자연스럽게 오래 머물게 되고 충성 고객이 만들어진다. 나는 직접 청소하다 입실자를 만나면 항상 친절하게 웃으면서 인사를 나눈다. 오랜만에 보면 짧은 한마디라도 안부를 묻고, 배달 일을 하는 사람이라면 항상 오토바이를 안전하게 타라고 말을 건네기도 한다. 그것이 나의 진심이고, 진심은 반드시 통한다고 생각하기 때문이다. 서로를 생각하고 배려하는 기본적인 마음이 충성 고객을 만드는 나의 원칙이다.

발생할 수 있는
민원 A to Z

소음, 실내흡연 등 여러 민원이 발생한다

운영하다 보면 사소한 민원들이 발생하게 된다. 대표적인 민원으로 소음 관련 문제가 있다. 방 구조에 따라 벽과 벽 사이를 두고 침대가 붙어 있는 경우도 있고, 고시원 자체의 방음 상태가 좋지 않아서 늦은 밤 긴 전화 통화로 주위 입실자들의 잠을 방해하는 경우가 생길 수 있다. TV 볼륨 소리가 너무 커서 시끄럽다는 민원도 소음에 관한 민원이다. 방과 방 사이의 간격이 가깝다 보니 문을 쾅 닫는 소리에 놀라는 경우도 있고, 입실자가 실내흡연을 해서 화장실 환풍기 등을 통해 냄새가 나서 민원이 들어오는 경우도 종종 있다.

원장은 두 사람의 연결 고리다

거주하는 사람마다 일하는 패턴이 다르다. 대부분 낮에 일하고 밤에 쉬지만, 새벽에 퇴근을 하거나 밤에 출근하는 입실자들도 있다. 한 사람 한 사람 개개인의 모든 민원을 100% 처리할 수는 없기 때문에 낮에 일어나는 경우에는 어느 정도 소음 문제를 이해해달라고 전한다. 그러나 상식적으로 밤 9시 이후부터 새벽 6시 이전에 일어나는 소음에 관련해서는 입실자에게 주의해달라고 전한다.

불편함으로 민원을 이야기할 때 보통 원장에게 문자로 보내는 경우가 많다. 옆방에서 나는 소리가 너무 시끄러워서 잠을 잘 수 없다는 문자가 오는 것이다. 그럼 나 역시 바로 옆방에 문자를 보내서 상황을 확인하고 서로 불편하지 않게 밤 늦은 시간에 TV 볼륨 소리를 낮추거나 크게 듣고자 한다면 이어폰을 이용해서 들을 수 있도록 안내한다. 통화 역시 옆방에서 다 들리니 긴 통화는 외부에 나가서 받아달라고 말한다. 서로 에티켓을 지켜달라는 것이 핵심이다.

원내에서 안 되는 행동에는 과감하게 대응한다

방화문으로 되어 있는 문을 쾅 닫으면 옆방에 지던 사람이 놀랄 수 있다. 이것은 일부러 그렇게 행동하는 것이 아니라 본인의 습관이 안 되어 있어서 그런 경우가 많다. 대체로 이제 막 새로 입실한 사람이 모르고 그렇게 문을 쾅 닫는 편이다. 한 번만 주의 깊게 설명하고 이야기하면 대부분 그 다음부터는 아주 살짝 조심스럽게 문을 닫는다. 장기로 거주하는 사람들은 그 사실을 잘 알아서 모두 조심해서 문을 닫고 한다.

큰 문제 민원은 실내흡연이다. 당연히 안 되는 줄 알면서 하는 행위이고 화재와도 관련되어 있어서 나는 실내흡연을 절대 그냥 넘어가지 않는다. 특히 외국인 입실자를 잘 살펴봐야 한다. 우리와 문화가 다르기 때문에 방 안에서 담배를 피는 것을 당연하게 생각하는 경우가 있다. 입실 계약서를 작성할 때부터 실내흡연은 퇴실 사유라고 정확히 고지하고, 담배 냄새가 난다는 민원이 있으면 해당 층 입실자들에게 전체 문자를 보내서 다음날 전체 개방을 하여 확인한다고 공지하고 문을 열어서 확인한다. 원장이 그냥 넘어가면 또 다시 실내흡연을 하는 일이 발생할 수 있기 때문에 금지 행동에 대해서는 더 강력하게 대응하고 확인되면 해당 입실자를 과감하게 퇴실 조치를 시킨다. 한 사람 때문에 다른 여러 사람들이 피해를 보는 일이 없도록 하는 것이 원장의 책임이다.

민원을 줄이는 하나의 방법

이렇듯 작은 것부터 불편함을 이야기하는 것이 민원들이다. 가끔 직접 해결할 수 없는 경우가 있다. 옆방 사람이 코를 너무 심하게 곯아서 잠을 자기 힘들다는 것이다. 옆방에 살던 사람은 한 달이 지나고 나갔다. 어떻게 해야 할지 고민을 하다 새로운 사람이 방을 보러왔는데 본인이 코를 많이 곤다고 했다. 그래서 이 방 옆의 사람도 코를 많이 고는데 그래도 괜찮은지 물어보니, 본인이 괜찮다고 해서 방을 줬다. 며칠이 지나도 민원은 없었다. 알고 보니 옆방 사람과 만나서 이야기하면서 서로의 사정을 이해한 것이다. 방을 배정할 때 이런 점까지 미리 생각하면 민원을 조금 줄일 수 있다.

운영하면서 생기는
어려움 극복 방법

첫 원내 코로나19 확진자

고시원을 운영하면서 많은 원장들이 생각하지 못한 일이 발생할 때 어떻게 일을 처리해야 할지 몰라서 당황해하고 힘들어한다. 내가 운영하는 고시원에는 현재 벌써 네 번째로 코로나19 확진자가 나왔다. 지난해 보건소에서 급박한 목소리로 처음 전화가 왔을 때 나는 외부에 있었다. 보건소 직원은 내가 운영하는 고시원에 외국인 누가 거주하는 게 맞느냐고 물으면서 그 외국인이 확진되어서 역학 조사 중인데 절대 방에서 나오면 안 된다는 말을 전했다. 그러면서 오늘이 금요일이니 다음 주 월요일이 되어야 병원 이송 배차를 확인할 수 있을 것 같다고 말했다. 그 말을 듣고 나는 머리가 복잡해지면서 온갖 걱정을 하기 시작했다. '고시원에 코로나19 바이러스가 다 퍼지면 어떻게 하지?', '문제가 돼서 전부 공실이 되면 어떻게 하지?' 등 이렇게 처음 겪는 일을 어떻게 처리해야 할지 모르기 때문에 힘들어지는 것이다.

다양한 가능성을 알아본다

2022년 3월 15일 기준 코로나19 확진자만 전국에 45만 명이다. 한 집 걸러 한 집이 걸린다고 이야기할 정도로 그 수가 엄청 많다. 그러나 고시원은 다중이용시설이어서 시설 안에서 자가격리를 하도록 할 수는 없다. 첫 환자가 발생했을 때 보건소에서는 병상이 없어서 기다리라는 답변만 해줬다. 나는 이대로 기다릴 수만은 없어서 시청에 전화해서 보건소 상위 기관인 병상을 배정하는 병상팀 담당자를 찾았고, 집단 감염의 우려가 있으니 병상을 최우선으로 배정해달라고 여러 번 요청했다. 그런 요청 때문인지 다음 주 평일에나 배차를 할 수 있다는 보건소 직원의 말과는 다르게, 주말에 배차를 받아서 확진자가 이송되었다.

이렇듯 일을 처리할 때는 다양한 가능성을 열어두고 접근해야 한다. 참고로 외국인 병상을 배정할 때는 외국인이 한국말이 되는지 안 되는지에 따라서도 병상이 달라진다. 한국말이 안 되는 외국인의 경우 배정이 더 오래 걸리고 서울이 아닌 지방으로 이동하는 경우도 있으니 참고하도록 하자.

경험이 생기면 일이 수월해진다

그 이후 두 번째 확진자가 나왔을 때는 첫 번째 경험 덕분에 비교적 순조롭게 대응해서 처리했다. 세 번째 확진자가 나왔을 때는 전화를 하는 보건소 담당자나 나 역시도 일주일 격리하고 해지가 되는 것인지만 확인하고는 소독업체가 언제 오는지 물으며 전화를 끊었다. 시간이 지날수록 코로나19가 감기처럼 되어 버린다는 것을 운영하면서 더 느낀다.

그다음으로 힘들었던 일 중 하나가 조현병 환자 문제였다. 첫 번째 운영하던 고시원에서 남자 한 명이, 두 번째 운영 중인 고시원에서 여자 한 명이 조현병 환자였다. 둘 다 30대였는데, 처음에 외모만 봐서는 절대 알지 못한다. 한 달, 두 달 시간이 지나고 그 사람이 밤에 방에서 혼잣말을 계속한다는 옆방의 민원이 들어와서 알게 되었고 약을 먹다가 복용하지 않으면 조현병 증세가 나타난다는 것까지 알 수 있었다.

남자는 외부에서 약간의 소란을 피워서 송파경찰서 형사와 통화해서 가족을 찾아 퇴실하도록 짐을 빼는 데 협조를 했고, 여자의 경우는 망상과 반복되는 경찰 신고로 인해 치료를 먼저 받는 게 맞을 것 같아서 가족에서 요청해서 퇴실하도록 했다. 책에 모두 담기에는 어려운 크고 작은 일들이 더 있었다. 이렇듯 직접 경험하지 못한 일들이 어려운 것이다. 이 힘든 시기가 지나가면 최적화된 원장으로 거듭나게 된다.

달콤함을 얻기 위해서는 과정이 반드시 필요하다

고시원은 사람이 사는 공간이고 사람들로 인해 크고 작은 일들이 종종 발생하곤 한다. 이럴 때 힘들어서 나는 고시원 운영을 못하겠다고 양도하려는 사람들이 나타나기도 한다. 그런데 나의 생각은 다르다. 다른 업종에 비해 시간적, 경제적 자유를 안겨주는 사업장인 만큼 나름 힘든 일이 발생할 수 있다고 생각하고, 이런 일을 처리하는 것이 고시원 원장으로서 프로가 되어가는 과정이라고 여겨야 한다고 생각한다. 즉, 고시원 운영에 최적화된 원장이 되어가는 것이다. 어려운 일과 마주할 때마다 '더 긍정적인 사고를 가지고 헤쳐나가야지' 하는 마인드를 장착하려고 노력한다.

5장

두 곳 이상을
책임지는 순간
경영자다

고시원 세 곳을
운영 중인 실제 이야기

하나를 운영하면 장사, 그 이상은 경영

고시원이든 무엇이든 사업체를 하나 운영하는 것과 그 이상 운영하는 것에는 많은 차이가 있다. 하나를 운영하면 장사에 그칠 수 있지만, 그 이상부터는 '경영'이라는 시스템을 적용해야 하기 때문이다. 한 업종의 사업을 이미 시작한 사람들은 처음 사업을 준비하고 진입하려는 사람보다 동일 점포를 늘릴 때 유리하다. 그만큼 쌓인 경험치가 있고 운영 노하우도 생겼기 때문이다. 무엇보다도 동일 업종을 두 곳 운영한다는 것은 첫 번째 운영하던 사업이 잘되었다는 뜻인 동시에 해당 업종의 미래 비전을 확신했다는 것이다. 따라서 다업체 운영자의 사업 수완은 어느 정도 검증되었다고 봐도 된다.

"재미있어서 하는 일인데 뭐가 힘들어요?"

고시원도 마찬가지다. 한 곳을 운영하던 원장이 이어서 두 곳, 세 곳으로 확장하는 경우가 생각보다 많다. 나 역시 현재 운영 중인 곳 외에 새로운 고시원 추가 확장을 위한 계획을 가지고 있다. 두 곳을 운영하는 것과 세 곳을 운영하는 것은 무슨 차이가 있을까? 나는 실제 세 곳을 운영 중인 A원장으로부터 고시원을 세 곳 운영할 때 어떤 차이점이 있는지를 물어봤다.

A원장은 수원에 거주하고 있는 50대 초반의 남성이다. 나보다 두 달 늦게 고시원을 시작했지만 현재 고시원을 세 곳을 운영 중이다. 첫 번째 고시원으로 서울 동작구의 혼합룸을 인수했고, 두 번째로는 경기도 일산의 고시원을, 세 번째로는 서울 강남구에 있는 고시원을 인수했다. 내가 A원장에게 가장 궁금했던 것은 세 고시원의 이동 동선이었다. 고시원들이 주거지와 상당히 거리가 있는 서울 동작구, 경기도 일산, 서울 강남구에 있어서 서로 지역적으로 떨어져 있었기 때문이다. 특히 일산 같은 경우는 거주지인 수원과 끝에서 끝의 거리인데 힘들지 않겠냐고 물었다. A원장의 대답은 매우 간결했다. "재미있어서 하는 일인데 뭐가 힘들어요?"라고 말하면서 웃었다. 나는 A원장의 그 단순한 말에 정답이 숨어 있음을 알았다. 무작정 사업을 확장하기보다는 가장 먼저 내가 즐겁고 재미있어야 오래할 수 있다. 전혀 예상치 못한 짧은 대답이 정답이었다.

두 번째 이유는 목표로 하는 고정 수입 금액이 있어야 한다는 것이다. A원장이 세 곳을 운영하는 이유는 매달 2,000만 원의 고정 현금 흐름을 만들기 위한 것이다. 이런 자기만의 매달 목표 금액이 있어야 경영의 확신이 나온다는 것이다. A원장은 공실과 공과금에 따라 순수익이 달라지지만 현재 1,500만 원 이상의 순수익을 올리고 있어서 목표치에 점점 가까워지고 있다고 했다. 이 원장을 보면서 그 열정, 성실함, 근면함에 감탄했다.

고시원 운영은 각자 스타일에 맞게

A원장은 처음에 고시원을 하나 운영하니 차차 적응되면서 시간이 많이 남아서 두 곳으로 사업을 확장한 것이었다. 그런데 고시원 두 곳을 운영하게 되자 청소와 관리를 혼자 하기 벅차서 청소 용역을 이용하게 되어 오토 시스템을 갖추게 되었고, 청소에서 자유로워지자 고시원 세 곳을 운영하게 된 것이다. 경영이 시작된 것이다.

A원장의 경우는 일반적인 사람들이 고시원 창업을 하려는 이유와는 다르다. 즉, 대다수 사람들이 시간적인 여유를 추구하기 위해 고시원을 창업하려는 반면, A원장은 그렇지 않다는 것이다. 오토 시스템을 만들었지만 A원장은 특별한 일이 없는 한 월요일부터 일요일까지는 매일 운영하는 고시원을 방문하기 때문

이다. 하루 정도는 쉬어도 괜찮을 텐데 매일 나가는 이유가 무엇이냐고 물으니, 오랜 직장 생활을 하면서 직접 사업장에 나가는 것이 몸에 배어 있고, 원에 들러서 아무것도 하지 않아도 직접 본인 눈으로 봐야 마음이 편하다고 했다. 그리고 입실자들이 원장이 이렇게 매일 나온다고 생각해야 원내에서 공용 물품이나 시설을 더 조심스럽게 사용하지 않겠냐고 했다.

운영하는 원장에 따라 각각 고시원의 상황이 다를 수 있다. 오토 시스템을 갖춰서 자주 나가지 않는 원장이 있는가 하면 A원장처럼 매일 나가서 상주하는 원장도 있을 것이다. 어떤 방법이 정답이라고 딱 잘라서 말할 수는 없다. 다만 나 역시도 운영하는 사업장을 오랜 시간 비워두면 제대로 돌아갈 리 없다는 것에는 동의한다. 청소 용역업체에서 깨끗하게 청소를 해준다고 해도 주인인 내 입장에서 100% 마음에 들 수는 없을 것이다. 그래서 아르바이트생이나 외주 서비스를 이용할 때는 한쪽 눈은 감고 보라는 말이 있지 않은가.

시간의 자유를 더 원하는가? 경제적 자유를 더 원하는가?

고시원 세 곳을 운영한다고 해서 세 배 힘들어질까? 그렇지는 않다. 앞에서 말했듯 운영 노하우와 경험이 쌓이면, 새롭게 차린 고시원에 이전 고시원의 전략을 적용해서 효율화를 꾀할 수 있기 때문이다. 또 이전 경험을 통해 고시원 운영에 필요한 도배, 장판, 보수, 집기 구매 등의 작업을 할 때 필요한 전문가들과 네트워크가 어느 정도 형성되어 있기 때문에, 처음 시작할 때 이론적인 공부만 하고 고민스럽게 매물을 알아보던 그때의 눈높이와는 현저히 달라져 있을 것이다. 그러니 수익 구조가 좋은 매물, 데이터가 좋은 매물을 선점할 수 있는 능력도 있을 것이다.

다만 사람마다 경제적 자유를 말할 때 원하는 금액이 다를 것이다. 그러니 고시원 세 곳 운영의 잣대를 본인이 원하는 월 수익에 초점을 맞추는 게 더 좋다고 생각한다. 월 500만 원으로 만족하는 사람도 있을 것이고, 월 3,000만 원도 부족하다고 느끼는 사람도 있을 것이다. 한 곳에서, 두 곳, 세 곳 이상으로 확장하기 위해서는 시스템을 갖추기까지 초기 시간 투자와 노력이 반드시 필요하다고 생각한다.

세 곳을 운영하기 전에 한 곳을 먼저 운영하며 경험하는 것이 순서상 맞겠지만, 먼저 파악해야 할 점이 있다. 자신이 월 현금 흐름의 금액이 조금 적더라도 시간적인 여유를 더 원하는 사람인지, 아니면 시간적인 것보다는 경제적 자유를 위해 월 순수익에 목적을 두는 성향인지 파악하는 것이다. 자신의 성향을 알고 나서 고시원 창업을 결정하는 게 판단에 도움이 된다.

공동 투자
가능한가요?

같은 생각을 하는 사람들을 모은다

고시원 시장에도 공동 투자를 하는 사람들이 있다. 투자라고 하면 주식, 비트코인 등을 생각하겠지만, 대부분의 사람들은 가장 안정적인 투자처로 부동산을 생각할 것이다. 실제로도 집 가격이 오르면 아주 큰 시세 차익을 보는 것 역시 사실이다.

현재는 대출 규제 때문에 아파트든 경매든 레버리지를 이용할 수 없게 되었다. 그래서 자신의 자본만으로는 부족하다면, 투자 대비 수익률이 좋다는 고시원 사업에 관심이 있고 의식주에 속하는 안정적인 사업으로 판단하는 사람들끼리 돈과 의견을 모아 공동 투자를 하는 경우가 있다.

큰 투자 금액이 큰 수익을 만들 수 있다

고시원에 공동으로 투자하려는 집단에는 반드시 실제 운영 중인 경험자가 포함되어 있을 것이다. 예를 들어 3명이 1억 원씩 투자하기로 결정하여 총 3억 원의 금액을 만들었을 때 고시원 사업을 해본 적이 있는 사람이 아무도 없다면 이 사업에 진입하는 것이 힘들다. 만약 지금까지 부동산에만 투자해온 사람이라면 그는 임대 사업만 이해하고 있는 것이지 고시원 사업을 이해하고 있는 것이 아니다. 고시원 사업은 진입 장벽이 높고 정보도 쉽게 얻을 수 없는 종목인 데다 서비스업이기 때문에 경험이 없으면 이해하기 어렵다. 아무도 고시원 운영에 대해 모른다면, 투자자 3명 중에 누가 운영을 전담할 것이며 입실자 대응을 어떻게 할 것이며 문제가 발생할 때 어떻게 해결해야 할 것인가.

공동 투자를 하는 다른 이유는 높은 금액대의 매물을 원하기 때문이다. 고시원 창업을 하려는 사람들이 가장 많이 찾고 있는 매물의 금액대로는 1억 원에서 1억 원 초반이 가장 많다. 40대 이상의 경우 보통 2억 원에서 2억 원 중반 금액대를 알아본다. 3억 원대의 매물은 신설 고시원 다음으로 적지 않은 금액대이기 때문에 대부분의 사람들이 접근하기 어렵다.

또 다른 이유는 수익률 차이가 있다. 운영을 잘해서 1억 원 투자 대비 30%의 수익률이 나온다고 해보자. 3억 원을 투자하면 수익률이 얼마나 나올까? 매물의 금액대가 높아서 올원룸형에 방 개수가 많아서 데이터가 더 좋다면 수익률은 더 높을 수 있다. 건물 임대료 역시 만약 강남에 월 900만 원이라면 혼자서 강담하기는 당연히 벅차다. 수익이 안 나는 최악의 상황이 올 때 3명이 나눠서 임대료를 부담하기 때문에 리스크에 대한 부담을 줄어들 수 있다.

공동 투자 계약 시 주의점

공동 투자를 한다고 할 때 매물을 구하기 위해 같이 임장을 다닐 것이다. 어느 날 3명의 투자자 중 1명이 바빠서 가지 못했는데 그 매물이 마음에 들어 급하게 계약을 진행하려 한다면 현장에 가지 못한 사람은 나머지 1명의 의견에 따라야 하는 입장이 되기도 할 것이다. 권리양도양수 계약서에도 투자자 모두 동일하게 인수자로 들어가야 할 것이며, 소방 점검을 받을 때, 잔금을 처리할 때, 건물주와 임대차 계약을 할 때 역시 투자하는 사람들의 이름이 계약서에 명시되어 있어야 혹여 어떤 일이 있을 때 문제가 되지 않는다.

운영을 하면서도 서로 의견을 모아야 하는 경우가 많다. 예를 들어 식사 경비를 어떻게 처리할지, 입실료가 입금되는 통장 내역을 어떻게 투명하게 공유하고 전달할지, 비품을 어떻게 구매할지 등에 관한 것도 서로 동의해야 하는 부분들이다.

다음과 같은 상황을 생각해보자. 3명이 똑같이 1억 원씩 고시원 사업에 투자한 상황이다. 나 없이 다른 2명이 식사를 했는데, 투자금에서 결제되는 운영비 카드에서 이 식사비를 지불하는 경우가 있다. 또한 방을 업그레이드하기 위해 책상이나 침대를 구매할 때 나에게 의견을 묻지 않고 다른 2명이 먼저 구매하고 나에게는 나중에 알리는 일이 생긴다. 이런 충분히 생길 수 있는 일이며, 이번 달은 자신이 더 많이 일하고 출근한 횟수도 더 많으니 발생한 순수익에서 몇 퍼센트 더 가져가겠다고 일방적으로 주장하는 일도 있을 수 있다. 그리고 이런 상황이 벌어지면 기분 좋은 사람이 누가 있겠는가.

끝이 좋으려면 생각하고 또 생각해서 결정하자

투자자 모두가 이런 부분에 대하여 아주 깔끔하고 명확하게 마치 기업의 정관처럼 정해두고 따르며 이해해서 똑같이 일하고 투자 대비 만족도 높게 매출을 발생시키고 수익도 공평하게 나눈다면 문제가 되지 않을 것이다. 다만 가장 큰 문제가 생길 수 있다. 투자한 금액이 동일해서 1년 안에 또는 2년 계약 만기까지는 누구도 투자한 돈을 먼저 뺄 수 없는 것으로 정리했다 해보자. 그런데 갑자기 1명이 급한 일로 중도에 하차를 선언하며 개인 사정으로 어쩔 수 없으니 봐달라며 1억 원을 돌려달라고 이야기하는 것이다. 그때부터는 시작할 때 같은 마음이었던 투자자가 아니라 돈을 돌려달라는 사람과 돈을 돌려주지 못한다는 사람이 같이 일하는 상황으로 순식간에 바뀌는 것이다. 하차를 선언한 사람의 사정은 이해되지만 투자금을 돌려줄 수는 없는 상황이니 여러 일이 벌어질 수밖에 없다.

이렇듯 사람이 하는 일이다 보니 돌발 상황은 언제든지 발생할 수 있다는 생각도 같이 해야 한다. 공동 투자를 해서 행복하게 잘 운영하는 사람들도 분명 있겠지만, 주변에서 들리는 대다수 이야기는 사이가 틀어지고 상황이 복잡해졌다는 것이다. 공동 투자는 생각보다 민감한 부분이므로, 실행하기 전에 생각하고 또 생각해서 결정하고 진행하자.

권리금 장사가
가능해지는 방법

매물에 따라 다른 권리금

권리금 장사가 가능한지에 대해서는 '운영 중인 매물에 따라 다르다'라고 이해하는 게 도움이 된다. 이어서 추가적인 설명을 읽고 이해하는 게 좋다. 이렇게밖에 전달할 수 없는 이유는 운영하는 고시원에 따라 권리금을 더 붙여 팔 수 있는지 여부가 완전히 다르기 때문이다.

애초에 될성부른 고시원을 고른다

고시원이 있는 건물은 상가건물임대차보호법을 적용받으며 통상 고시원 운영자는 건물주에게 보증금을 주고 매달 건물 임대료를 지불한다. 그런데 이때 대부분 보증금보다 매물의 권리금이 높다. 예를 들어 보증금은 5,000만 원인데, 전 원장이 요구한 권리금이 1억 5,000만 원이라고 하면 권리금만 보증금의 3배를 주고 들어간 셈이 된다. 그럼 고시원 운영을 위해 지불한 금액은 총 2억 원이 될 것이다. 여기서 오래된 시설을 보수하기 위해 부분 인테리어를 하는 데 3,000만 원을 투자했다고 해보자. 그럼 내가 지불한 총 비용은 2억 3,000만 원이 되는 것이다.

다만 고시원을 인수할 때는 부동산 매매와는 엄연히 다르다고 생각해야 한다. 부동산은 보유만 한 채 안 팔고 있다가 자식에게 증여하거나 상속할 수 있지만, 고시원은 장사를 하기 위한 목적으로 금액을 지불하고 투자한 개념이기 때문이다. 그리고 내 투자금이 그대로 내 자산이 되는 것도 아니다.

만약 내가 고시원을 운영하다가 다시 시장에 내놓았다고 생각해보자. 내 투자금은 2억 3,000만 원이었다. 누구나 자신이 팔 때는 투자한 금액보다 높게 내놓고 싶고, 사는 사람은 누구나 조금이라도 더 깎아서 저렴하게 사고 싶어 한다. '더 비싸게 살게요, 더 받으세요' 하는 사람은 아무도 없다. 인수하려는 사람도 여기저기 매물을 알아보던 중에 내가 내놓은 매물을 보러 왔을 것이다. 본인도 인수할 때 더 많이 지불하고 들어오지 않으려 했던 것처럼 인수하려는 사람도 마찬가지 심정임을 알아야 한다.

그럼 어떻게 해야 권리금을 더 받을 수 있고 팔았을 때 차익을 남길 수 있을까? 처음부터 가치 있는 매물을 인수하는 것이 가장 중요하다. 누구나 좋아할 만한 입지인지, 방 개수가 많아 수익 구조 데이터가 좋은지, 방들이 각각 커서 방 가격은 괜찮게 받을 수 있는지, 월 임대료가 부담되지는 않은지 등을 따져 애초에 '될 성부른' 고시원을 선점하는 것이다. 이런 점들은 고시원 창업을 준비하는 사람이라면 누구나 먼저 생각하는 요인들이다.

결국 권리금 장사가 가능한 매물이란 입지, 시설 등이 훌륭해서 누가 봐도 운영하고 싶다는 생각이 드는 매물, 순수익이 투자 대비 훌륭한 매물, 시장에 나온 매물보다 권리금을 더 붙여 팔아도 받아줄 상대가 있는 매물을 말하는 것이다.

무권리 고시원에는 이유가 있다

그렇다면 반대의 경우, 무권리 매물은 어떨까? 일단 무권리 고시원이 장사가 잘되고 있을 리 없다고 봐야 한다. 거꾸로 생각해보자. 운영 중인 사람이 무권리로 들어왔다고 하더라도 처음부터 무권리에 내놓았을 리 없고, 만약 일정 금액 권리금을 주고 들어왔다고 하더라도 장사가 안 되어 방이 절반 이상 빠져 있거나 특별한 사정으로 인해 시장에 나왔을 게 뻔하다.

현재 시장에 나와 있는 매물을 예를 들어 설명해보겠다. 지하철 5호선 역세권이며 출구 바로 앞으로 나오면 보이는 입지 좋은 무권리 고시원이 있다. 미니룸 42실에 보증금은 6,000만 원으로 그 외 중개수수료만 지불하면 인수를 할 수 있다. 현재 남녀 총 두 개 층으로 분리하여 운영하고 있는데, 남자 층은 방이 다 차 있고 여자 층은 거의 빠져 있다. 반 이상 빠져 있어서 임대료, 공과금, 운영비를 지출하고 나면 현 운영 원장은 별 재미를 못 보는 셈이다. 몇 년간 운영하면서 코로나19 여파로 지치기도 했고 이제 이 업을 하고 싶지 않아 빨리 팔고 싶어 무권리로 내놓은 것이다.

예비 원장들은 아무리 무권리라도 이런 물건은 쉽게 계약하지 않는다. 부동산 사무소에서 무권리에 올미니룸으로 42실이 있고 방이 절반 빠져 있다고 매물을 추천하면 백이면 백 패스한다. 아예 방문조차 안 하는 경우가 많다.

이기는 게임을 하면 된다

무권리 매물은 단점으로 파악된 부분을 새로운 전략을 도입해 바꿨을 때 시너지가 날 수 있다. 나는 해당 무권리 고시원의 데이터를 조사하고 현장에도 직접 다녀왔었다. 평균 방 가격이 26만~30만 원 선이었다. 만약 식사를 제공하거나, 건조기 및 스타일러를 구비하거나, 방을 업그레이드해서 평균 방 가격을 35만 원에 맞출 수만 있고 남자 층과 여자 층을 분리하지 않고 혼합으로 운영하여 만실이 된다면, 순 매출은 1,470만 원이 될 것이다.

임대료 450만 원(별도 관리비 없음)에 공과금을 200만 원으로 잡고 청소 용역 45만 원을 지출하고 온라인 광고비로 매월 20만 원이 든다고 계산하면, 만실일 경우 순수익이 710만 원이 나온다. 반면, 들어간 비용은 권리금 없이 중개비와 보수공사 비용 3,000만 원을 책정하면 투자 원가는 1억 원쯤 된다. 1억 원 투자에 순수익이 만실 기준 700만 원, 3개실 정도의 공실을 가정하여 600만 원 정도 나온다고 계산해도 총 투자 대비 수익률은 60~70% 나오는 셈이다. 그럼 만약 실제로 이렇게 만들어 운영하다가 시장에 내놓는다면 얼마의 권리금을 붙여 팔 수 있을까? 인수를 원하는 사람이 이 정도 수익이 나오는 매물을 어느 정도 권리금을 지불할지 생각해보면 답이 나올 것이다.

또한 시장에 나온 매물과도 비교했을 때도 이 매물은 매우 매력적인 물건이 될 수 있다. 총 투자 금액 1억 5,000만 원에 보통 수익이 300~400만 원 나온다고 봤을 때 이 매물은 시장에 1억 5,000만 원에 내놓아도 순수익 600만 원 이상이므로 미니룸으로만 구성되어 있어도 선호도가 올라갈 것이다. 결론적으로 무권리에 구입해서 운영을 정상궤도에 올려놓을 경우, 권리금 5,000만 원이상 붙일 수 있다는 계산이 나오는 셈이다. 매물 특징, 방법과 운영, 현재 수익에 따라 권리금 장사의 가능 여부와 금액은 달라질 수 있다. 새로운 전략으로 고정관념을 바꾸는 사람이 결국 돈을 버는 것이다.

부록

고시원 창업을 시작하는 데 가장 중요한 것은 기존의 고정관념을 버리는 것이다. 고정관념을 버려야 고시원 사업을 전망할 수 있는 것은 물론이고 이 사업의 시장을 이해할 수 있기 때문이다. 시장에 대해 가장 정확하고 사실에 근거한 답변을 해줄 사람들은 아마 오랫동안 고시원을 중개하고 접해본 전문 부동산 경력자들일 것이다. 이에 고시원 전문 부동산 사무소를 10년 이상 중개해온 4명의 경력자들에게 고시원에 대해 궁금한 10가지 점을 선정해서 질문했다.

나의 인터뷰 요청에 흔쾌히 응해준 분들에게 다시 한번 감사의 인사를 전한다. 질문에 따라 4명의 의견이 공통적으로 모아진 것도 있고, 각기 여러 방향에서 답을 해준 경우도 있다. 개인에 따라 의견 차이는 있을 수 있지만, 어느 경우든 독자들에게 시장을 파악하는 가장 좋은 방법이 되리라고 본다.

한 가지 말하고 싶은 것은 고시원 전문 부동산 사무소가 우리가 익히 알고 있는 형태가 아니라는 점이다. 대부분 대표 휘하에 직원이 있는 체계로 운영되는 것이 아니라, 개인사업자 개념으로 움직이는 것이 고시원 부동산 사무소의 보편적인 형태라는 것이다. 따라서 본인이 한 중개업소에 문의했다고 해서 그것이 전부라고 생각하고 받아들여서는 안 된다. 또한 직함이 전무, 상무, 팀장이라고 해서 반드시 실장 또는 직원보다 더 좋은 매물을 가지고 있으리라는 보장도 없다. 이 두 가지 사항만 염두에 둔다면, 고시원 사업을 하기 위해 매물 및 시장 조사를 할 때 잘못 판단하는 일을 피할 수 있을 것이다.

내 경험에 비춰보면, 고시원 전문 부동산 경력자들은 담당자마다 매물을 확보하는 능력이 다르다. 따라서 한 담당자가 A급 매물을 보유하고 있다면 내부적으로 공유하기보다는 친분 있고 신뢰할 만한 고객에게 먼저 매물을 전달하고 공유하는 일이 더 잦으므로, 전문 경력자와 두터운 신뢰 관계를 쌓는 일이 무엇보다 중요하다. 인터뷰에 응해준 네 분은 고시원 창업 컨설팅 G업체 김동진 대표님, I부동산 중개보조원 원석균, 최윤정 실장님, H부동산 중개보조원 김용민 팀장님이다. 네 분의 진심 어린 답변과 고견에 감사드린다.

* 각 질문의 답변은 네 분의 답변 내용을 취합해 정리한 내용이다.

Q1. 고시원 사업의
전망은 어떤가요?

수익성은 조금 떨어졌지만 수요는 앞으로도 늘어날 것

과거 10~20년 전에 비해 고시원 사업의 수익성은 떨어진 게 사실이고, 그만큼 권리금이 그때에 비해 저렴해진 것도 사실이다. 고시원의 입실료는 그대로 유지되거나 코로나19 펜데믹을 거치면서 낮아진 반면, 지출비 중에서 가장 큰 비중을 차지하는 임대료를 비롯해 전기 요금, 도시가스 요금 등이 매년 상승하고 있기 때문이다.

예전에 비해 요즘은 20% 수익에 그치는 경우도 없지 않다고 본다. 물론 본인의 노력 여하에 따라 더 높은 수익률을 창출할 수 있다고 보고, 그런 원장도 반드시 있다. 현재 원룸 전월세를 중심으로 하는 부동산들의 상황을 살펴보면 공실률이 적지 않다. 정부의 공공임대주택사업 공급이 늘어남에 따라 조건에 맞는 수요자들은 빠져나가고, 일시적으로 한 지역에 머무르는 사람들은 장기로 계약해야 하는 원룸 및 오피스텔보다는 고시원을 더 선호하기 때문으로 생각된다. 본인들이 별도로 지출하는 공과금이 부담이 되기 때문에 월 입실료 외에 추가 금액이 없는 고시원에 대한 수요는 앞으로도 늘어날 것으로 예측된다.

다만 모든 업종이 프랜차이즈화로 대중화되어 있으며, 고시원 측에서도 예전 낡은 시설들을 리모델링 또는 보완 공사를 해서 입실료가 더 이상 떨어지는 것을 방지할 필요는 있다고 생각한다. 원룸만큼의 방 크기는 아니지만 그만큼 주거의 안락함을 누릴 수 있다면 고시원의 수요는 더욱 늘어날 것으로 예측한다.

운영 시스템만 잘 갖춘다면 매우 비전 있는 사업 아이템

고시원 사업은 이미 20~30년 전부터 상당히 수익이 좋은 사업 아이템이었음이 분명하다. 현재는 예전처럼은 아니지만 다른 프랜차이즈 사업이나 자영업에 비해 매우 비전이 있는 사업이라고 생각한다.

고시원 중개 10년 이상의 경험과 실제 사례에 비춰봤을 때 어느 정도 수준의 고시원을 운영한다면 다른 사업에 비해 매우 안정적인 사업이라는 생각에는 변함이 없다. 또한 고시원 운영 시스템을 잘 갖춰놓으면 직원 관리나 고시원 운영 면에서 불필요한 감정노동을 피할 수 있고 시간을 자유롭게 쓰면서 아주 편하게 운영할 수 있다는 점이 장점이다.

물론 이 정도의 시스템을 갖추기 위해서는 인수 후 대략 2개월에서 3개월의 시간이 지나야 가능하다고 본다. 앞으로 사회적으로 1인 가구가 점점 늘어날 것이므로, 이런 추세와 맞물려 좋은 시설과 환경을 갖춘 고시원은 향후 10년 이상 전망이 매우 밝다고 생각한다. 그리고 낙후된 고시원은 없어지는 추세이므로 이 또한 현 시장의 고시원 사업가에게는 기회라고 할 수 있다.

희소가치가 점점 높아질 것

고시원 사업은 희소가치가 있다. 이 부분은 현재도 진행형이지만 앞으로도 가치 상승세는 계속 이어질 것이라고 본다. 건축법에 따라 신설 고시원에 대한 법적 규제가 더욱더 강화되면서 공급이 부족해질 전망이기 때문이다. 또 오래되고 낙후된 고시원의 폐업 등과 맞물려 기존의 수요가 운영 중인 고시원으로 이동하며 경쟁성도 좋아질 것으로 예측한다.

시장 상황이 이렇게 전망되기 때문에 만일 운영하던 고시원을 중간에 양도할 경우에도 기존 시설 권리금과 운영 권리금은 계속 상승할 것으로 보인다.

Q2. 좋은 매물이란
무엇인가요?

4가지 조건 중 2~3가지 조건만 충족하면 만족하자

10년 이상 고시원 전문 부동산 일을 하면서 다양한 유형의 고객들을 많이 만났다. 지금 역시 많은 문의 전화에 응대하며 고객들을 만나고 있다. 대부분의 고객들에게는 공통점이 있다. 가격이 저렴하고 위치 입지가 좋은 역세권이면서 시설 상태가 깔끔하고 깨끗하며 수익이 잘 나오는 매물을 찾는다는 것이다. 어떤 고객이든 원하는 매물의 조건은 동일하다는 이야기다.

저렴한 가격, 입지 좋은 역세권, 깨끗한 시설, 수익 좋음이라는 4가지 조건 중 2가지 또는 3가지 조건까지 충족된다면 아주 좋은 매물이라고 생각한다. 지금까지 정확히 12년간 고시원 전문 부동산 일을 하고 있는데, 이 4가지 조건을 충족하는 매물은 지금까지도 한 번도 보지 못했다. 12년이라는 경력이 짧아서인지는 잘 모르겠지만, 아마 앞으로도 4가지 조건을 다 만족시키는 매물은 없을 것이다. 그러니 매물을 고를 때는 충족 조건을 2~3가지로 간추려서 참고하면 좋겠다.

올미니룸만 조심하자

고시원 전문 부동산을 하는 입장에서 좋은 매물의 기준을 물어온다면, 크게 2가지 점을 판단해야 한다고 생각한다.

첫 번째는 내가 생각하는 투자금 대비 수익률이 좋은 물건이 좋은 매물이라는 점이다. 예를 들어 고시원 창업을 위한 총 투자금이 2억 원이라고 했을 때 월 순수익이 500만~600만 원 이상 나온다면 아주 훌륭한 매물이라고 생각하면 된다. 물론 수익률이 좋은 물건도 시설, 상권, 월세 등 전체적인 부분까지 고려해서 판단해야 한다.

두 번째는 권리금이 상식보다 매우 저렴한 물건이 좋은 매물이라고 할 수 있다. 고시원 시장에서 급매물이란, 현재 운영 중인 원장의 개인 사정으로 인해 운영이 중단된 매물을 말한다. 이 경우에는 권리금이 현저히 떨어져 시장에 나오게 된다. 이런 매물은 매물 자체에 문제가 있는 것이 아니므로 좋은 매물이 맞다.

다만 한 가지 주의할 점은 있다. 아무리 수익률이 좋고 상권이 좋고 월세가 저렴하다고 해도 올미니룸으로 구성된 고시원을 인수하는 것은 신중하게 생각해야 한다는 것이다. 올미니룸을 2억 원이라는 큰돈을 주고 인수하는 것은 절대 추천하지 않는다.

다각도로 살펴보자

좋은 매물을 보기 위해서는 여러 각도에서 확인해야 한다. 개인적으로 좋은 매물의 첫 번째 조건으로 임대 조건을 꼽는다. 서울이나 수도권의 경우 임대료는 매년 상승하고 있다. 당연히 너무 높은 임대료는 부담이 된다. 조건이 동일한 매물이라고 하더라도 임대료가 한 곳은 높고 다른 곳은 저렴한 경우 다른 조건이 비슷하다고 한다면 당연히 임대료가 낮은 매물에서 수익을 더 올릴 수 있다.

그다음으로 좋은 매물의 조건은 입지와 시설이다. 권리금도 좋은 매물을 판단하는 기준이 된다. 권리금은 매물에서 올릴 수 있는 최대 수익률에 맞게 책정되는 게 상식이므로, 수익률을 따져보고 권리금을 판단해야 한다.

Q3. 중요한 특약사항 내용은 무엇인가요?

반드시 있어야 하는 5가지 특약사항

특약을 정하자면 끝이 없다. 법률과 관례에 따라 처리되는 경우가 있는데 이를 굳이 특약으로 넣고 싶어 하는 소비자가 많다. 특약이 길다 보면 양도인이 가격 협상에 부담을 느끼게 될 수 있으므로, 중요한 특약을 위주로 달고 그 외에는 법률과 관습에 따라 처리하는 것이 좋다.

다음의 5가지 사항이 중요한 특약에 해당된다.

첫 번째, 소방에 관한 특약이다. 고시원을 운영할 때 가장 중요한 것이 소방에 대한 문제다. 기존에는 잔금을 모두 치르고 나서 소방 점검을 받는 것이 일반적이었는데, 간혹 안전시설 등 완비증명서가 발급되지 않는 경우가 생겨서 현재는 잔금 전에 사전 점검을 받게 되어 발급 유무를 알 수 있다. 이때 안전시설등 완비증명서가 발급되지 않으면 무효로 한다는 것과 소방 점검 지적사항이 생길 경우 발생되는 공사 비용을 양도인이 부담한다는 내용의 특약이 들어가면 좋다(물론 권리금이 없거나 저렴할 경우는 상호 협상하는 것을 권한다).

두 번째, 누수에 관한 특약 역시 필수다. 경험상 고시원을 운영할 때 가장 골치 아프다고 생각되는 문제가 누수였다. 만약 원인을 알고 수리가 가능하다면 상관없지만 누수는 그 원인을 몰라 계속 돈만 지출되는 경우가 생길 수 있기 때문이다. 누수 특약 기간은 길면 길수록 좋다. 하지만 양도하는 입장에서 기간이 너무 길면 부담이 될 수 있으므로 적어도 잔금 이후 1개월 동안 발생되는 누수에 대해서는 양도인이 책임진다는 특약은 들어가야 한다. 이는 간혹 이전 원장이 땜방 공사를 했을 경우 보통 1개월 이내에는 하자가 발생하기 때문이다.

세 번째, 기존의 임대차 계약대로 인수하는 조건을 넣는 것이 좋다. 임차로 들어가는 경우 임대인의 성향이 굉장히 중요하다. 이는 추후 권리금을 좌지우지할 정도다. 권리 계약 시 현재 운영하고 있는 원장의 임대차 계약서를 반드시 확인하는 것이 좋다. 보통 그 계약서를 보면 건물주의 성향을 알 수 있다. 임대차 계약 내용이 받아들여질 수준이라면 그 계약을 그대로 인수한다는 조건을 특약에 넣는 것이 좋다. 임차인이 변경될 때 임대인이 임대차 조건을 바꾸는 경우가 자주 생기기 때문이다.

네 번째, 공실에 관한 특약이다. 고시원의 특성상 방을 모두 열어볼 수 없어서 현재 운영하는 원장의 입실현황표를 믿고 계약을 하는 것이 일반적이다. 간혹 이 점을 악용해서 공실인데도 입실현황표에 입실이 되어 있는 것처럼 기재하여 권리금을 높게 팔아 치우는 비양심적인 원장들도 있다.

고시원을 운영하다 보면 실제로 한 달에 3~4실은 들락날락 하는 경우가 일반적이다. 실제로 계약을 하고 잔금 때 빠지는 경우도 있고 차게 되는 경우도 있다. 그래서 계약 때 입실률을 잔금 때까지 그대로 유지하는 경우는 힘들다. 그것은 양수하는 입장에서 다시 재양도할 때도 마찬가지다. 하지만 잔금 시 공실이 많이 차이 날 경우는(해당 고시원마다 방 개수가 달라 일률적으로 몇 개라고 표현하기는 어렵지만) 계약 시 입실현황표를 의심해봐야 한다. 이때 필요한 것이 공실에 관한 특약이다. 잔금 때 몇 개 이상 차이가 날 경우 해당 계약을 무효로 한다든지 또는 3개월치의 방값을 변상해주기로 한다든지 등의 내용이 들어가는 것이 좋다.

다섯 번째, 인터넷 및 TV 요금에 관한 특약이다. 이런 내용도 특약에 들어가나 생각할 수도 있지만, 고시원은 보통 방 개수가 많기 때문에 인터넷 TV를 새로 설치할 경우 많은 지원금을 받게 된다. 많게는 1,000만 원까지도 받을 수 있다. 그래서 어떤 원장들은 신규 가입하여 상품을 받고 고시원을 빨리 처분하려고 한다. 지원금을 받게 되면 매월 납입하는 요금이 높아지게 된다. 양수하는 입장에서 이를 그대로 인수할 경우 불리한 경우가 생길 수 있으므로, 계약 전에 확인해서 이전 원장이 받은 지원금을 나누든지 그게 아니라면 신규 가입을 하게 한다는 특약이 들어가도록 하는 것이 인수할 때 유리하다.

특약은 계약 해지에 반드시 필요하다

양도인과 양수인과의 권리양도양수 계약을 할 때 양수인이 주의해야 할 특약사항은 인수 시 임대차 계약에 현 상태의 임대 보증금과 임대료의 동결 조건을 넣는 것이다. 그리고 이 조건이 이루어지지 않을 때는 계약을 해제한다는 조항이 들어가야 한다. 예를 들어 임대료가 월 300만 원으로 권리양도양수 계약서를 작성했는데, 임대차 계약 시 건물주가 임대료를 330만 원으로 변경했다면 권리양도양수 계약서의 특약 내용과 달리 변경되었기 때문에 계약을 해제할 수 있다.

다음으로는 잔금 전 소방 점검 후 수정 또는 보완이 필요할 때 양도인이 이를 해결하고 비용도 책임진다는 특약이 들어가야 한다. 이 조건의 특약과 같이 작성해야 하는 중요한 것이 소방 점검 후 안전시설등 완비증명서가 발급되지 않는 경우에는 반드시 계약 해제를 넣는다. 또한 잔금이 지불된 후 누수 하자에 대한 양도인의 책임 기간을 대체로 1~3개월로 작성하지만, 실제로는 대부분 한 달로 기재하는 편이다.

끝으로 권리 계약 시의 현 공실과 잔금 시의 공실 개수 차이를 특약으로 작성할 수 있다. 상호 협의를 할 부분이지만 현실적으로 서로 인정할 수 있는 점에서 이루어져야 한다.

딱 두 가지 특약을 선택한다면 소방과 누수

특약사항으로 가장 중요한 점은 안전시설등 완비증명서가 발급되는지 여부와 약 한 달 기간의 누수라고 생각한다. 고시원 운영을 하기 위해 필수적인 사항이다. 소방이 안 나오는 시설에서 영업을 할 수 없고, 누수는 운영하는 원장이 아니라면 건물주든 중개인이든 알 수 없는 데다 원장이 알고도 이야기를 하지 않으면 모르기 때문이다. 그런 점에서 소방과 누수, 두 가지 점은 필수 특약으로 당연히 기재되어야 한다.

다음은 특약 계약 시 확인을 해봐야 하는 사항으로, 내가 매번 고시원 중개 계약 때마다 확인하는 부분이다. 신소방법에 한해서 건축물대장에 표기되어 있는 다중생활시설 등 용도 표기를 확인해야 하는 것이 있는데, 7~8년 차 신소방 매물 중 건축물대장상 호실 29실 이하로 표기되는 경우가 많다. 다시 설명하면, 실제 운영하는 방 개수와 안전시설등 완비증명서로 받은 방 개수가 다른 경우를 말하는 것이다. 이전 운영 중인 안전시설등 완비증명서의 일부를 보고도 확인할 수 있지만, 이런 점들을 알고 특약에 미리 작성해두는 것이 인수 시 계약상 안전하다고 본다.

Q4. 건축물대장
   보는 법이 있나요?

재개발·재건축 예정지의 고시원을 피하라

재건축은 건물주 변경 및 주거환경 변화로 인한 부분이어서 확인할 수 없지만, 재개발 지역은 토지이용계획 확인원에서 확인할 수 있다. 네이버에 토지이용규제정보를 검색하면 토지이용계획을 열람할 수 있는 '토지이음'이라는 사이트가 나온다. 이 사이트에서 주소지를 입력하면 알 수 있다.

재개발 예정지는 구역이 설정되어 있어 관할 구청에 문의하면 진행 상황을 알 수 있다. 재개발 지역이라고 꼭 피해야 하는 것은 아니다. 조합 설립 이전에 들어간 곳이면 내가 들어간 권리금 이상의 보상을 받고 나오는 경우도 있기 때문이다. 권리금을 많이 주게 되는 경우라면 손실이 생길 수 있으니 반드시 관할 구청에 진행 상황을 파악하고 법적 보상 부분을 확인한 후에 계약을 할 필요가 있다.

건축물대장을 확인하자

건축물대장에는 재개발, 재건축에 관한 내용은 기재되어 있지 않다. 건축물대장에서는 고시원 건물의 위반건축물 여부와 안전시설등 완비증명서와 비교하여 사용면적을 확인해야 한다. 건축물대장에서는 해당 건물에 불법이 있는지 여부를 확인할 수 있는데, 첫 페이지 우측 상단에 '위반건축물'이라고 표시되어 있다. 그 표시가 없다면 위반건축물이 아니다. 위반이 있는데 아직 발각되지 않아 표시가 안 되어 있는 경우도 있기는 하지만, 일단 위반건축물 표시가 안 찍혀 있다면 안심해도 된다.

위반건축물이라고 표시되어 있더라도 반드시 나쁜 것은 아니다. 내가 운영하는 고시원에 대한 불법이 아니라면 안전시설등 완비증명서를 발급받는 데 전혀 지장이 없고 이행강제금도 임대인의 부담이기 때문이다. 따라서 위반건축물 표시가 있다면 이 매물은 안 된다고 단정 짓지 말고 건축물대장에서 내용을 확인하고 잘 모르겠다면 해당 구청에 확인하여 문제가 없는지를 확인하고 계약을 하는 것이 좋다.

Q5. 좋은 중개사와 나쁜 중개사를 구별하는 방법은 무엇인가요?

사후관리를 해주는 중개사

고시원은 사업의 일종이기 때문에 주택과는 달리 추후 어느 정도의 관리가 필요한 업종이라고 생각된다. 그래서 보통 동네에 있는 1층 부동산 사무소에서는 잘 다루지 못하는 데다 특성을 알지 못하기 때문에, 고시원을 전문적으로 다루는 중개사들이 중개하는 경우가 대부분이다. 좋은 중개사는 매물을 정확히 파악하고 양도인과 이야기된 금액을 그대로 제시하며, 잔금 이후에도 사후관리를 해주는 중개사다.

나쁜 중개사는 계약 전에는 온갖 사탕발림으로 친절하게 대하다가 수수료를 받고 나면 언제 그랬냐는 듯이 연락도 받지 않고 이제부터는 고객이 알아서 하라는 식으로 구는 중개사라고 생각된다.

일부 중개사는 양도 의향이 있는 원장과 이야기된 금액보다 가격을 부풀려 고객들에게 이야기하고 마치 많이 깎아줄 수 있다는 식으로 영업을 한다. 하지만 고객들은 이 사실을 알지 못하기 때문에 이런 중개사들에게 넘어가기 십상이다. 이런 중개사들은 사람들이 금액을 많이 깎아주면 좋아하는 심리를 역이용하는 것이다.

대화가 중요하다

좋은 중개사를 만나려면 무조건 중개사들과 같이 물건을 보러 다니면서 통화나 대화를 많이 해보라고 권하고 싶다. 말을 많이 해볼수록 그 사람을 판단할 수 있으며 느낄 수 있다고 생각한다. 사람의 속을 알려면 많이 이야기해봐야 한다. 이것은 내 경험상 거의 모든 경우에 공통되게 적용되는 진리였다.

중개사는 물건으로 말한다

구입자 입장에서 좋은 물건을 주면 좋은 중개사이고, 나쁜 물건을 주면 나쁜 중개사다. 아무리 좋은 물건을 줘도 원장이 되어 운영을 잘 못해서 수익이 안 나면 나쁜 중개사가 된다.

Q6. 잔금 치를 때 계약이 파기되는 경우는 무엇 때문인가요?

여러 요인이 있다

잔금을 치르면서 계약이 파기되는 경우에는 여러 가지 요인이 있다. 양도인 및 양수인의 단순 변심으로 갖가지 트집을 잡는 경우, 임대인이 임대료를 심하게 상승시키는 경우, 안전시설등 완비증명서가 발급되지 않는 경우, 심각하게 누수가 발생한 경우 등이 있다. 이 중에서 가장 많이 발생하는 사례는 두 번째 요인인 임대인이 지나치게 임대료를 올리는 경우다.

건물주가 다른 소리를 할 경우

임대 보증금이나 임대료 상승이 계약 파기의 가장 큰 요인이다. 그다음으로는 건물주와의 임대차 계약 시 제반사항이 임차인의 생각과 다른 경우가 있다. 예를 들어 2~3년 후 재건축을 할 예정이라거나 건물주가 특약으로 건물 매매 시 퇴거하도록 명도 조건을 다는 경우에는 임차하여 건물을 사용하는 임대인에게는 권리금 회수에 문제가 생기기 때문에 받아들이기 어려워 계약이 파기될 확률이 크다.

매출을 속여도, 다른 부동산의 방해로도 계약이 파기된다

기본적으로 임대조건 변경이 가장 많지만, 양도인이 공실이나 매출을 속였을 때도 계약이 많이 파기된다.

다른 부동산 사무소의 방해로 어이없이 계약이 파기되는 경우도 있다. 예를 들어 A부동산 사무소에서 양도인 매물에 거래를 하기 위해 손님을 붙여 진행을 하던 중 B부동산 사무소가 끼어들어 갑자기 양도인에게 3천 만원 더 주고 인수하려는 손님이 있다고 하면서 A부동산 사무소와 거래를 하지 못하도록 훼방을 놓는 경우가 있다. 실제 B부동산 사무소에 손님이 있을 수도 있겠지만, 사실 손님이 없는데 A부동산 사무소와 거래를 못하게 하기 위한 행동들도 간혹 있다. 결국 내 부동산 사무소에서 거래를 못하니 다른 부동산 사무소에서도 거래를 못하게 하여 매물이 중개되지 못하도록 그냥 띄워두는 것이다. 이것은 당사자들(건물주, 임대인, 임차인)이 아닌, 제3자에 의한 계약 파기이므로 매우 안타까울 때가 많다.

Q7. 부동산 사무소에서 생각하는
진상 고객의 기준은 무엇인가요?

진상 Top 5

• 물건 정보만 파악하려는 고객

보통 어느 정도의 경력 있는 중개사라면 물건 정보만 파악
하려는 고객을 간파할 수 있어서 이런 고객에게는 물건을
보여주지 않는다.

• 부동산을 의심의 눈초리로 보며 사사건건 따져 묻는 고객

중개사도 사람이라 실수를 할 수 있는데 그것을 트집 잡아
마치 사기꾼처럼 몰아세우는 고객들이 있다(부동산 사무소에
실제 사기꾼들이 많아 소비자 입장에서 보면 이해되는 부분이기도 하다).

• 물건을 줬는데 연락이 더 이상 되지 않는 고객

고객에 따라 결정을 못해서 미안한 마음에 연락을 피하는 경
우가 있는데, 부동산 입장에서는 고객이 '못하게 되었다', '다
른 걸 하게 되었다'라고 명확하게 표현해주는 것이 더 깔끔
하고 좋다. 고객이 연락을 피하면, 물건을 혹시 다른 곳으로
빼돌린 게 아닌가 하는 의심을 할 수도 있다.

• 부동산에서 물건을 받아 양도인과 직거래를 하는 고객

이런 고객들의 의도는 수수료를 아끼기 위한 것이다. 업계
의 용어로 '뒷빵'이라고 한다. 이때 증거가 발견되면 소송으

로 이어질 수 있고, 소송에서는 대개 부동산 사무소가 승소
할 가능성이 매우 크다.

- 부동산 사무소의 매물 소개를 당연하게 생각하는 사람
  부동산 입장에서도 많은 비용과 노력을 들여 매물을 확보한
  것인데, 그것을 쉽게 생각하여 고객이 "매물 없어요?", "매물
  이 왜 이래요?" 식의 반응을 보인다면 부동산 사무소 측에
  서는 속으로 '직접 알아보고 직거래하시라'라고 생각한다.

구경만 하러 다니는 고객

부동산 사무소 일을 하다 보면 매물을 진짜 원하는 것이 아니
라 구경만 하러 다닌다는 느낌을 주는 고객이 있다. 이런 고
객은 부동산 사무소 직원들의 시간을 빼앗는 대표적인 사람
들이어서 반기지 않는다.

이 세상에 없는, 자기의 머릿속에만 그려놓은 물건을 찾는 고
객도 '진상'에 속한다. 그 외 연락이 안 되는 고객, 사소한 꼬투
리만 잡는 고객 등도 별로 달갑지 않은 고객이다.

가타부타 의견이 없는 고객

가장 힘든 고객은 이렇다 저렇다 의견을 주지 않는 고객이다.

피드백이 '전혀' 없다고나 할까. 물건을 보여줬는데 좋다는 의견도, 싫다는 의견도 내지 않아 시간만 흐를 때 중개하는 입장에서는 정말 답답하다. 본인의 의견을 명확히 하지 않고 두루뭉술하게 표현하는 고객 역시 좋지 않다. 의심이 많아 피드백을 안 하는 것인지 모르겠다. 의심이 많아 너무 속속들이 정보를 캐려고만 하는 고객도 달가운 고객은 아니다.

Q8. 어떤 손님에게
좋은 매물이 갈까요?

퍼주고 싶은 고객 Top 4

• 거래했을 때 매너가 좋았던 고객

거래할 때 매너가 좋은 고객들에게는 더 해드리고 싶다.

• 부동산 사무소의 노고를 알아주는 고객

매물을 알아볼 때 부동산 사무소 직원들이 수고한다는 사실
을 알고 있는 고객도 매우 고맙다. 예를 들어 부동산 사무소
에 찾아올 때 음료수 한 박스라도 사들고 오는 고객에게 말
한마디라도 더 건네게 되는 것은 인지상정이다.

• 결정이 빠른 고객

부동산도 장사고 중개사도 장사꾼이다. 예스든 노든 결정
을 빨리 해주는 고객이 좋다.

• 수수료를 안 깎고 잘 주는 고객

수수료를 안 깎는 고객에게는 무조건 최상위 물건을 가장
우선적으로 제안하게 되어 있다.

상호 타이밍이 맞아야 한다

친한 손님이나 거래를 많이 하는 고객, 다른 고객을 소개시켜

주는 고객에게 좋은 매물이 간다. 부동산마다 다를 수 있겠지만 중개하는 입장에서는 현 상황에서 나온 물건 중 가장 좋은 물건을 진심으로 필요로 하는 고객에게 중개할 수밖에 없다.

중개라는 것은 상호 타이밍이 맞아야 한다. 아무리 좋은 물건도 현 손님이 투자 금액이 부족하거나 지역이 안 맞으면 중개가 되지 않듯이 아무리 돈이 많아도 상호 '케미'가 안 맞으면 거래는 쉽게 이루어지지 않는다.

하든 하지 않든 결정이 빠른 고객이 좋다

내 경우에 결정이 빠른 고객이 가장 좋다. 수수료를 많이 주는 고객은 물론 당연히 우선순위에 들지만, 그 조건이야 어느 부동산 사무소에서도 통하는 조건일 것이고, 그다음 조건을 꼽자면 결정을 빨리 내리는 고객을 꼽고 싶다. 그리고 같은 조건이라면 될 수 있는 한 서로 신뢰와 믿음이 형성된 고객에게 좋은 매물을 추천한다.

Q9. 운영한 지 1년도 안 된 매물이
다시 시장에 나오는 이유는 뭘까요?

운영을 포기하는 이유 Top 6

• 장사가 안 되는 상황

왜 장사가 안 되는지를 옆에서 살펴보면, 대개 원장에게 그 원인이 있는 경우가 대부분이다. 이유 없이 망하는 고시원은 거의 보지 못했다.

• 입실자와의 스트레스

주취자, 미수자(범죄 행위를 실행했으나 목적대로 이루지 못한 자) 등이 있을 때 이런 입실자들을 제대로 상대하지 못하는 원장들은 운영을 지속하기 힘들다.

• 권리금 회수에 대한 두려움

• 건물주와의 갈등

• 건강 악화

• 급전이 필요한 경우

첫째도 운영, 둘째도 운영 때문이다

사업을 시작해서 1년도 안 되었는데 사업을 포기하는 것은 쉬운 일이 아니다. 그렇기 때문에 가장 큰 이유는 운영을 잘 못해서라고 본다. 잘하고 싶은데 잘 안 되니까 당연히 포기하고 시장에 물건을 내놓는 것이다.

두 번째로는, 반대로 운영은 잘되지만 피치 못할 사정 때문에 매물이 나오는 경우다. 이런 경우는 특별히 고시원이라서 포기한다기보다는 개인 사정으로 인한 것이므로 그 이유를 '고시원'에서 찾기는 힘들다. 때로는 더 좋은 고시원을 하려고 첫 고시원을 짧게 경험하고 그만두는 원장도 있다.

기타 이유

고시원 사업을 그만두는 가장 큰 이유는 앞에 이야기한 것들이 대부분이다. 그것 외에 다른 이유들도 이야기하고 싶다. 내가 강조하고 싶은 고시원 포기 이유로는 고시원 운영을 만만하게 보고 쉽게 달려들었다가 현실과 부딪혀 포기하는 사람들이 있다는 것이다. 고시원을 운영할 때 얼마나 어렵고 고단한지, 돌발 변수들은 무엇인지 생각해보지 않고 수익률만 바라보고 뛰어들었다가 큰코다치고 그만둔 사례를 주변에 많이 봤다.

그 외에 '업자'라는 사람들이 싸게 매물을 잡고 되파는 등 피(권리금) 작업을 한 물건, 실제 갑작스러운 이사나 지병 등으로 인해 급매물로 나오는 '사연 있는' 매물들도 이에 포함된다.

Q10. 성공하는 원장과
실패하는 원장은 어떻게 다른가요?

열심히 하면 성공하고 편하게 하려면 고전한다

자기 사업이라 생각하고 자기 손으로 열심히 쓸고 닦고 마케팅 홍보를 잘하는 원장은 실패하지 않는다.

반면, 총무를 두고 '일주일에 몇 번, 몇 시간만 일하면 은행 이자보다 나으니까 돈이 되겠지'라고 막연히 생각하고 시작하는 원장은 대부분 고전을 면치 못한다. 이런 시스템이 불가능한 것은 아니지만, 처음부터 이렇게 마음을 먹으면 운영 과정에서 자잘하게 신경 쓰는 것들 때문에 원래 생각과 달리 손절하고 팔게 된다.

처음 실패했더라도 계속 도전하는 사람이 성공한다

열정이 있고 일머리가 있으면 성공하는 곳이 고시원 사업이다. 이런 사람들은 처음에 좋지 않은 고시원을 인수해도 다음 번에는 성공할 확률이 높다. 반대로 고시원 사업을 너무 만만하게 보는 사람이나 고집이 센 외골수 유형의 원장은 실패할 확률이 높다. 이런 원장들은 끈기와 인내심도 없는 경우도 많다. 고시원을 처음 하는 사람들은 시행착오를 겪을 수밖에 없다. 첫 고시원을 잘 운영하지 못해서 고시원을 바로 그만두는 사람은 당연히 성공할 수 없다. 그러나 첫 고시원에서 실패했다 하더라도 그간의 시행착오를 발판삼아 두 번째, 세 번째 고시원을 잘 운영하는 원장들도 많다.

남의 고시원 대하듯 하면 실패한다

고시원을 찾는 고객과 통화를 하거나 실제 만나보면, 성공하는 원장들은 정말 열심히 한다는 것을 알 수 있다. 기본적으로 고시원의 청소 및 관리 상태 등이 좋고, 해당 지역에 맞게끔 광고나 마케팅도 열심히 한다. 예를 들어 미니룸 상권에서는 전단지를 붙인다든지 도심 지역에서는 인터넷 효과를 이용한다든지 등 홍보 방법이 남다르다.

실패하는 원장들은 고시원만 인수해놓고 그 후로 다르게 차별화를 할 생각을 하지 않는다. 별다른 실행력이 없는 것이다. 홍보나 마케팅을 연구하지도 않고, 그렇다고 스스로 열심히 자기 고시원을 쓸고 닦는 일도 안 한다. 자기 자금을 들여 인수해놓고도 남의 고시원 보듯 하는 원장들이 운영하는 고시원이 잘될 리가 없다.

사장이 알아야 할
기본개념 40가지

사장 교과서

주상용 지음 | 14,500원

사장, 배운 적 있나요?
경영 멘토가 들려주는 사장의 고민에 대한 명쾌한 해법

중소기업이 시장에서 살아남아 강소기업으로 성장할 수 있는 비결은 어디에
있을까? 대기업과 달리 중소기업의 사장은 대체할 수 없는 리더십이다. 따라
서 조직의 성과를 높이고 효율을 증진시키기 위해서는 누구보다 먼저 사장 자
신의 효율성이 높아져야 한다. 이 책에서는 기업 CEO들의 생각 친구, 경영
멘토인 저자가 기업을 성장시키는 사장들의 비밀을 알려준다. 창업 후 자신의
한계에 부딪혀 성장통을 겪고 있는 사장, 사람 관리에 실패해 재도약을 준비
하고 있는 사장, 위기 앞에서 포기하기 직전에 있는 사장, 향후 일 잘하는 사
장이 되려고 준비 중인 예비 사장들에게 큰 도움이 될 것이다.

스탠퍼드가
알려주는 창업의
성공 공식

스탠퍼드는 이렇게 창업한다

강환규 지음 | 15,000원

창업을 꿈꾸는 당신의 손에
들려 있어야 할 행동 지침서!

저자는 무한 경쟁의 시대, 창업가의 핵심 역량과 창업 방식을 스탠퍼드 교육
과정에서 찾는다. 이 책에는 한국보다 20배 더 뜨거운 창업 열풍을 불러일으
킨 스탠퍼드대학교의 핵심 노하우가 담겨 있다. 혁신, 창의, 기술을 리드하
는 창업의 성공 공식과 이를 바탕으로 스스로 창업 역량을 키울 수 있는 핵심
적인 라이프 스킬과 역량이 소개된다. 저자가 소개하는 스탠퍼드 방식을 따른
다면 자신과 세상을 성장시키는 창업을 하게 될 것이다. 그리고 당장 창업을
꿈꾸지 않은 사람들이라면 '회사 일에서부터 프로페셔널해질' 것이다.

장사의 혼(魂)

마숙희 지음 | 16,000원

**"속지 마라, 장사는 혼(魂)을 파는 것이다!"
영혼을 담는 것이 장사의 기본**

이태원 상권에서 10년 동안 계속해서 사랑받는 매장이 있다. 바로 '야키토리 고우'다. 월 1억 원의 매출을 내며 한 번도 안 와본 사람은 있어도 한 번만 온 사람은 없다는 야키토리 고우. 다양한 예능 프로그램에도 맛집으로 소문이 났다. 이 책은 '야키토리 고우'가 손님들에게 사랑받는 비결과 운영 노하우를 담았다. 어떤 위기가 닥쳐도 흔들리지 않으려면 기본이 단단해야 함을 계속해서 강조한다. 그래서 그 기본을 중심으로 맛을 지키고, 생동감을 팔며, 무엇보다 고객에게 가장 최상의 것을 전하고자 한다.

20평 매장에서 월 1억 원 매출 올리기

힘내라 사장

정영순 지음 | 13,800원

**성공한 기업의 사장이 되고 싶은가?
실패를 성장의 동력으로 삼고 성장하는 사장이 되는 방법!**

이 책은 1985년 첫 사업을 시작해 온갖 고난과 어려움 속에서도 지치지 않고 다시 일어나 현재에도 자신의 사업을 경영하고 있는 저자의 이야기를 담았다. 도매시장, 중개사무소, 갈빗집 등 다양한 사장 경험을 거쳐 지금의 자리를 지켜낼 수 있었던 이유! 대한민국의 모든 사장과 사장이 되고 싶은 이들에게 꼭 필요한 시장의 자리를 지켜내기 위한 노하우와 마음가짐의 총망라! 너 오랫동안 사업을 유지하고 싶다면 이 책이 당신에게 응원과 더불어 에너지를 전달해 줄 것이다!

코로나19에도 살아남은 사장의 비밀